Reinhold Kerstan

Ein deutscher Junge weint nicht

Erinnerungen an damals

ONCKEN VERLAG WUPPERTAL UND KASSEL

ABCteam

Bücher, die dieses Zeichen tragen, wollen die Botschaft von Jesus Christus in unserer Zeit bezeugen.

Das ABCteam-Programm umfaßt:

- ABCteam-Taschenbücher
- ABCteam-Paperbacks mit den Sonderreihen: Glauben und Denken (G + D) und Werkbücher (W)
- ABCteam-Jugendbücher (J)
- ABCteam-Geschenkbände

ABCteam-Bücher erscheinen in folgenden Verlagen:
Aussaat Verlag Wuppertal / R. Brockhaus Verlag Wuppertal
Brunnen Verlag Gießen / Bundes-Verlag Witten
Christliches Verlagshaus Stuttgart / Oncken Verlag Wuppertal
Schriftenmissions-Verlag Gladbeck

ABCteam-Bücher kann jede Buchhandlung besorgen.

Titel der Originalausgabe: Blood and Honor

Deutsch von Karl-Heinz Walter

1981
Umschlaggestaltung: Carsten Buschke, Solingen
Umschlagfoto: Süddeutscher Verlag Bilderdienst, München
Gesamtherstellung: Breklumer Druckerei Manfred Siegel
ISBN 3-7893-2243-1

Meinen Kindern
Andreas, Peter und Annette
gewidmet,
deren Jugendjahre friedlicher waren
als meine,
und deren Lebensauffassungen
nicht von nationalsozialistischen Parolen
verbogen wurden.
Möge Gott sie sicher geleiten
durch die turbulenten Jahre
ihrer Jugend!

Vorwort

Der Fernsehfilm »Holocaust« bietet eine realistische Dramatisierung der Ereignisse während des 2. Weltkrieges, obwohl es sich um eine freie Darstellung handelt. Damals lebte ich als Junge in Deutschland. Manches von dem, was Holocaust berichtet, habe ich ähnlich selbst erlebt. Deshalb wollte ich auch die Fernsehserie sehen, als sie an vier aufeinanderfolgenden Abenden gesendet wurde.

Als ich den 1. Teil gesehen hatte, war ich tief betroffen. Das, was Unterhaltung sein sollte, rief in mir quälende Erinnerungen wach. Eine alte Wunde brach wieder auf. Am folgenden Abend war es mir unmöglich, die Fortsetzung mit meiner Familie gemeinsam zu sehen. Sie kannte die Schrecken des Krieges nicht. Meine Frau Inger ist in Schweden geboren und aufgewachsen. Sie ist stolz, daß ihr Land schon fast zweihundert Jahre lang seine politische Neutralität gewahrt hat. Unsere drei Kinder sind in der Schweiz, in Kanada und in den USA geboren. Sie kennen Adolf Hitler und jene dunklen Kapitel deutscher Geschichte nur aus dem Schulunterricht. Wir leben jetzt – 30 Jahre danach – in einem schönen Vorort Chicagos. Für sie hat die Geschichte des Dritten Reiches nur eine theoretische Bedeutung.

So habe ich mich am zweiten Abend aus dem Wohnzimmer geschlichen. Im Hobbyraum steht ein kleines Fernsehgerät. Dort ließ ich mich nieder . . . Ich mußte allein sein.

Kurze Zeit später kam Andreas, unser ältester Sohn, auch nach unten.

»Willst du Holocaust nicht sehen, Papa?«

»Doch . . .!«

»Und warum sitzt du dann hier unten ganz allein?«

Ich zögerte einen Augenblick und murmelte schließlich nur: »Ist schon gut, mein Junge.«

Er muß gespürt haben, daß ich innerlich aufgewühlt war, denn nach kurzer Zeit kam er mit einem Kissen unterm Arm wieder. Er warf es auf den Boden und legte sich neben mich. Und so haben wir gemeinsam Holocaust gesehen.

Oder hat er nur mich beobachtet? Ich war mir nicht sicher. Was mochte in ihm vorgehen angesichts der Tatsache, daß sein Vater einer Nation entstammte, durch die vorsätzlich sechs Millionen Juden vernichtet wurden: Männer, Frauen, Kinder! Verwirrte es ihn, daß er erfuhr, daß ich als Junge die Hacken zusammengeschlagen, meinen rechten Arm erhoben und »Heil Hitler« gebrüllt hatte?

Bald schon waren wir aber ganz von dem Geschehen auf dem Bildschirm gepackt. Das meiste spielte in Berlin, wo ich 16 Jahre gelebt hatte. Dr. Joseph Weiss war eine erdachte Gestalt, aber unser Hausarzt war damals auch ein Jude gewesen. Seine Frau war genau wie Dr. Joseph Weiss' Frau, Berta, eine begabte Musikerin. Frau Grünbaum war eine hervorragende Pianistin. Ihr Klavier, das wir sehr günstig von ihnen erstehen konnten, hat unser Heim während der längsten Zeit des Krieges geschmückt.

Am folgenden Abend erlebte ich am Bildschirm mit, wie die Familie Weiss im Warschauer Ghetto und in Buchenwald zurechtzukommen versuchte. Da waren dann aber auch Erich und Martha Dorf, für die damalige Zeit typische, stolze und ehrgeizige junge Deutsche, die ihre verhängnisvolle Rolle im Dritten Reich spielten. Ich kannte solche Familien wie die Dorfs. Solche Leute waren mir lebendig vor Augen, als ich vor ein paar Jahren in Babi Jar, der großen Schlucht bei Kiew in der UdSSR, stand, wo SS-Kommandos 33 000 Juden in zwei Tagen erschossen hatten.

Jahrelang hatte ich mich immer gewehrt, mit solchen Abscheulichkeiten etwas zu tun zu haben. Immerhin war ich erst acht Jahre alt, als der Krieg ausbrach; und während all der schrecklichen Jahre hatte ich doch nichts von einem »Holocaust« gehört. Aber die Tatsache, daß ich unter Menschen groß geworden war, die versucht hatten, das europäische Judentum auszulöschen, hat mich nie losgelassen.

»Ich hab dich lieb, Papa!« Andreas rückte näher. Unsere Schultern berührten sich. Das war zu viel. Dieser Junge mit seinen 18 Jahren hätte das nicht jetzt sagen sollen. Ich konnte den Tränen nicht wehren.

»Dich deprimiert das, nicht wahr?« Ich nickte und versuchte, mir die Tränen aus den Augen zu wischen.

George Santayana hat uns gewarnt, wenn er sagt: »Wer sich an die Vergangenheit nicht erinnern will, ist verdammt, sie noch einmal zu erleben!« Ich wollte mich aber erinnern. Ja, ich war fest entschlossen, mich zu erinnern, damit ich jene tragischen Jahre nicht noch einmal erleben mußte, weder ich noch meine Kinder oder deren Kinder. Ich wollte Gewißheit gewinnen, daß dies nicht noch einmal geschehen würde, niemals.

Wie hatte alles angefangen? Wie konnte es geschehen, daß alle meine Sinne gefangen wurden? Wie konnte es geschehen, daß ich als junger, gläubiger Christ gleichzeitig ein glühender Anhänger des Führers wurde? Wie kam es dazu, daß ein Traum in mir zerbrach und mich auf eine dramatische Flucht durch den vom Krieg zerrissenen Kontinent trieb?

Es war natürlich nicht nur ein einzelnes Ereignis, sondern eine Reihe unbewußter Einflüsse und eine Vielzahl von Erfahrungen, die mich mitrissen.

Ich kannte viele Juden. Zwar war ich »Arier«, aber ich war auch Christ. Mein Vater war Pastor einer Gemeinde. Er und meine Mutter hatten mich gut unterwiesen. Mein lebendiger Glaube an Gott und meine Liebe zur Bibel mißfielen sowohl meinen Freunden als auch den Lehrern. In ihren Augen gab es keinen Platz mehr für solche »Märchen«. Für sie waren solche religiösen Beziehungen nur ein Zeichen von Schwachheit – zumindest für einen deutschen Jungen.

Der wirkliche Kampf setzte aber erst ein, als meine Schule von Berlin in die relative Sicherheit der Tschechoslowakei evakuiert wurde. Dort versuchte die verführerisch »religiöse« staatliche Ideologie, gepaart mit menschlicher Grausamkeit, das Christentum, so wie ich es verstanden und zu Hause gelernt hatte, auszutreiben. Ich versuchte, meinen Glauben aufrecht zu halten trotz Druck, Hohn und Verfolgung durch Lehrer und Klassenkameraden. Tag für Tag aber mußte ich erleben, wie ich weich wurde, hin und her gerissen in einer gottlosen, nur auf Hitler konzentrierten Welt.

Zur gleichen Zeit aber erhielt ich immer wieder ermutigende Briefe meiner Eltern; sie zitierten immer wieder die Bibel und erinnerten mich an die Wahrheiten, die sie mich gelehrt hatten. Obwohl mein Vater weit entfernt an irgendeiner Front kämpfte und meine Mutter allein in Berlin aushielt, wußte ich, daß ihre Gebete einen Schutzwall um mich aufbauten.

In gewisser Weise ist meine Geschichte ein Bericht über eine Ideologie in Aktion. Es ist ein kleiner, exemplarischer Ausschnitt jenes Systems, das sich Nationalsozialismus nannte. So wirkte er sich in Herz und Gemüt eines Kindes aus. So versuchte diese Ideologie, mich nach ihrem Bild zu prägen. Wenn ich jetzt meine Geschichte erzähle, dann mag uns das helfen, klarer zu durchschauen, was irgendein anderer »Ismus« zu jeder Zeit und an jedem beliebigen Ort anzurichten vermag.

Meine Geschichte ist aber auch gleichzeitig ein Beleg für die Richtigkeit von Sprüche 22,6: »Gewöhne einen Knaben an seinen Weg, so läßt er auch nicht davon, wenn er älter wird.«

Meine Eltern hatten mich beten gelehrt. Von ihnen hatte ich die Liebe zur Bibel gelernt. Durch sie erfuhr ich, daß Jesus mehr ist als eine ferne Figur aus der Zeit des Neuen Testaments. Er war Wirklichkeit für mich, ein lebendiger, persönlicher Gott, der durch sein Wort zu mir sprach.

Ich habe körperlich überlebt, aber nicht weil ich widerstandsfähiger als alle anderen war, sondern weil Gottes Gnade es so wollte. Ich habe geistlich überlebt, nicht weil ich frommer oder religiöser als meine Mitschüler war, sondern weil meine Eltern schon sehr früh eine tiefe Liebe zu Gott und seinem Sohn Jesus Christus in mir geweckt hatten. Sie hatten mich früh in einen göttlichen Lebensstil eingeweiht, den sie für allein richtig hielten, auch für mich. Und ich habe diesen Weg nicht verlassen, als ich älter wurde.

1

Jede einzelne Minute der Fahrt mit dem Zug nach Prag habe ich wie einen Schatz in meinem Herzen aufbewahrt. Meinen Vater hatte ich in den Kriegsjahren leider nicht häufig gesehen. Jetzt aber saßen wir gemeinsam in diesem Zug. Er begleitete mich in die Tschechoslowakei, wohin das Lettow-Vorbeck-Gymnasium, meine Schule, bereits evakuiert worden war. Er saß stolz und aufrecht in seiner Hauptfeldwebeluniform neben mir. Am Ärmel hatte er eine Armbinde, die ihn als Angehörigen einer »Propaganda-Kompanie« auswies.

Auch ich trug eine Uniform – braunes Hemd, schwarze Hose und Jacke. Am Ärmel trug ich auch ein Symbol, einen Blitz, die Siegesrune. Ich war Mitglied des Jungvolks, der Unterorganisation der Hitler-Jugend für die 10–14jährigen. Auch ich saß aufrecht neben meinem Vater, während der Zug durch die sonnenüberfluteten Felder Bayerns eilte.

Die Abschiedsszene mit meiner Mutter kam mir wieder in Erinnerung. »Gott segne dich, mein Junge«, hatte sie gesagt und ihre Hand segnend auf meinen Kopf gelegt. Tränen standen in ihren Augen. Sie nahm mich fest in ihren Arm, so als ob sie mich nicht ziehen lassen wollte.

Ich hatte nicht geweint, denn ein deutscher Junge weint nicht. So hatte ich es immer wieder gehört. In Wirklichkeit war mir zum Weinen zumute. Obwohl ich aufgeregt war, weil ich der Klasse nachreisen sollte, und obwohl ich glücklich war, mit meinem Vater gemeinsam reisen zu können, hatte ich das Bedürfnis, mich an meiner Mutter festzuklammern und ihr zu sagen, wie sehr sie mir fehlen würde. Aber ich unterdrückte dieses Gefühl. »Ich werde oft schreiben«, versicherte ich ihr. Ohne einen einzigen Blick zurückzuwerfen, machte ich mich mit meinem Vater auf den Weg.

Urplötzlich fuhr der Zug in einen Tunnel und tauchte uns in tiefe Dunkelheit. Ich griff nach der Hand meines Vaters. Dabei fragte ich mich, ob das wohl ein Zeichen von Schwäche war. In der Dunkelheit stieß ich mit der Hand an das Fahrtenmesser an meiner Seite. »Blut und Ehre« war auf diesem Fahrtenmesser der Hitler-Jugend eingraviert, und wenn es sein müßte, würde ich es zur Selbstverteidigung benutzen. Wir hatten die Tschechoslowakei erreicht und die Tschechen waren unsere Feinde. Sie würden nicht zögern, einen Deutschen zu töten. Meine Hand umfaßte fest diese Waffe.

Als wir wieder ins helle Tageslicht fuhren, saß mein Vater ruhig und gelassen da. Nichts schien ihn zu schrecken. Er lächelte alle tschechischen Mitreisende freundlich an. Ihre grimmigen Blicke aber ließen mich nur Haß erkennen. Mein Vater war ein großgewachsener, mutiger und freundlicher Mann, immer zu einem Lächeln bereit. Er erinnerte mich an einen Hirten, und er war es ja auch, Hirte einer Gemeinde – zumindest bis zu Beginn des Krieges.

Wir beide waren die einzigen Deutschen in dem Abteil. Ich wunderte mich, warum er so sorglos schien. Für mich stand fest, was die Tschechen mit uns tun würden, wenn sie eine Chance dazu bekämen.

Als der Zug sich Prag näherte, holten die Reisenden ihr Gepäck aus den Gepäcknetzen.

Ein Mann beugte sich zu mir: »Prag ist eine wunderschöne Stadt.« Er sprach einwandfreies Deutsch, und mir war auf einmal klar, daß es alle verstanden haben mußten, was mein Vater und ich über dieses Land gesagt hatten. Manches dabei war nicht sehr freundlich gewesen.

»Die Menschen hier nennen Prag die Goldene Stadt«, fuhr er fort. »Ich hoffe, du wirst hier viel von der Schönheit und dem Gold sehen.« »Ja, so ist es«, seufzte ein anderer Reisender. »Es gibt noch Gold in den Straßen Prags, trotz all dessen, was ihr Deutschen bereits weggeschleppt habt.«

Die anderen Reisenden starrten entsetzt auf den Mann, der den Mut hatte, so etwas einem deutschen Soldaten ins Gesicht zu sagen. Sie griffen hastig nach ihren Koffern und Taschen und eilten davon.

Der erste Mann hatte recht. Prag war eine wunderschöne Stadt mit ihren eindrucksvollen Brücken, den gotischen Kirchen und der gewaltigen Burg, und sie war nicht wie Berlin zerbombt.

Nach der Einnahme Österreichs war die Tschechoslowakei das zweite Land, das Hitler auf der Liste seiner Eroberungen hatte. Er hatte wenig Mühe, dieses Land einzunehmen. Bei der berüchtigten Münchener Konferenz waren die Tschechen schlicht verkauft worden. Frankreich und England schauten still zu, als deutsche Truppen dort einmarschierten. Das lag schon fünf Jahre zurück. Jetzt war die Tschechoslowakei ein Protektorat und überschwemmt von deutschem Militär.

Mein Vater und ich gingen durch die breiten Straßen Prags. Wir hatten noch Zeit bis zur Abfahrt des Vorortszuges. Mit kindlichem Vergnügen beobachtete ich, wie die Soldaten, die niederen Ranges waren, meinen Vater grüßen mußten.

Als Hitlerjunge hatte auch ich grüßen lernen müssen. Meine ersten Erfahrungen damit waren allerdings wenig erfreulich gewesen. Es war kurz nach meiner Aufnahme ins Jungvolk. Ich war unterwegs zum Markt in Berlin, da begegnete ich einem unserer Jungzugführer. Ich nahm aber keine Notiz von ihm, denn ich schaute nach jemand anderem, und außerdem trug ich keine Uniform. Aber dann hörte ich einen scharfen Anruf:

»He, Kerstan, halt!«

Erschrocken und wie gelähmt blieb ich stehen. Ein Junge, nur wenig älter als ich, stierte mich an.

»Bist du nicht einer aus meinem Zug?« Ich nahm Haltung an. Regungslos und sprachlos stand ich vor ihm.

»So ehrt ein deutscher Junge seinen Leiter und unseren Führer!« Seine Stimme wurde lauter. Andere Leute sahen zu uns herüber. Ich konnte nichts zu meiner Verteidigung vorbringen, und so blieb es bei diesem Anbrüllen von seiner Seite.

»Los, zwanzig Schritte zurück, und dann noch einmal, und grüß mich ja anständig! Also, wirds bald?«

Erleichtert rannte ich die zwanzig Schritte zurück, machte eine vorschriftsmäßige Kehrtwendung und marschierte stramm an diesem angeberischen Jungzugführer vorbei. Er genoß inzwischen sichtlich die Aufmerksamkeit der Passanten. Im richtigen Augenblick streckte ich die Hand zum Hitlergruß aus und wandte zackig meinen Kopf in seine Richtung.

Dann war alles vorbei.

Später auf dem Markt, mir war das Ganze schon fast entfallen, tippte mich eine Frau auf die Schulter: »Dein Führer ist verrückt. Was denkt der eigentlich, was er ist? Und dann, du hattest ja keine Uniform an.«

Ich wußte, sie hatte recht. Aber irgend etwas in mir sagte mir auch, daß sie eben die »neue Ordnung« noch nicht verstand, die für mich galt und die meine neue Welt werden sollte. Keiner der Älteren verstand das wirklich, so sagten es uns unsere Führer.

Ich wurde in das Deutschland Hitlers hineingeboren. Als Hitler Reichskanzler wurde, war ich knapp zwei Jahre alt. Deutschland war zu Anfang der dreißiger Jahre in einem chaotischen Zustand. Alles lag nach der Niederlage des 1. Weltkrieges am Boden. Die wirtschaftliche Depression machte alles noch verzweifelter. Das ganze Land war demoralisiert. Hitler und seine Nationalsozialisten hatten die Hoffnung auf die Wiederherstellung einer nationalen Würde geweckt, und das desillusionierte Volk griff dankbar danach. Als er erst einmal an der Macht war, gewann er schnell die Kontrolle über jeden Bereich des Lebens in Deutschland. Er wollte das tausendjährige Reich aufrichten.

Noch hatte ich keine Ahnung, wie lange dieses tausendjährige Reich noch währen würde. Im Augenblick aber war ich gespannt auf meine Klassenkameraden. Wir fuhren die kurze Strecke von Prag nach Rewnitz. Noch ein paar Häuserblocks, und wir standen vor der Villa Fragner, meinem neuen Zuhause.

»Da ist er, Vater. Da ist Herr Grothe.« Ich wies auf den Direktor der Schule, als wir durch das schmiedeeiserne Tor gegangen waren und eine große Rasenfläche überquerten.

Als wir näher kamen, unterbrach der grauhaarige Lehrer seine Gartenarbeit.

»Sie sind Herr Grothe, wenn ich richtig vermute«, sagte mein Vater höflich.

»Jawohl, richtig! Mein Name ist Grothe«, antwortete er kurz und bündig. Seine Stimme hatte einen unangenehmen, metallischen Klang.

»Wir heißen Kerstan. Das ist mein Sohn Reinhold, den ich in Ihrer Obhut lassen möchte. Guten Tag!«

Mein Vater hielt seine Hand Herrn Grothe zum Gruß hin. Der aber ging einen Schritt zurück, riß seinen Arm hoch: »Heil Hitler, Herr Hauptfeldwebel.«

Mein Vater verstand sofort. Hier herrschte die neue Gesellschaft, in der kein Platz war für persönliche Begrüßungen und persönliche Zeichen der Freundschaft. Alle menschlichen Beziehungen waren auf die beiden Worte verkümmert »Heil Hitler«. Und es war Krieg.

»Sie können sich selbstverständlich umsehen und persönlich von allem hier überzeugen, Herr Hauptfeldwebel. Aber nötig ist das wirklich nicht. Wir haben ungefähr hundert Jungen hier«, erklärte der Direktor sehr förmlich. So kam es, daß mein Vater sich schnell wieder auf den Weg machte, ohne sich die Villa vorher anzusehen.

Ich kann mich nicht erinnern, jemals von meinem Vater ohne Abschiedskuß fortgegangen zu sein. Aber jetzt würde ich das nicht tun. Nicht vor Herrn Grothe. Das war mir klar. Mein Vater war im Begriff, mich zu umarmen, als er meine Verlegenheit wahrnahm. Er klopfte mir daher nur kameradschaftlich auf die Schulter, drehte sich auf dem Absatz um und entfernte sich durch das Tor.

Mit einem Mal überfielen mich Einsamkeit und Furcht, als der breite Rücken meines Vaters nicht mehr zu sehen war. Aber mir blieb keine Zeit zum Selbstmitleid.

»Hier geht's lang, Reinhold!« unterbrach Herr Grothe mein fassungsloses Schweigen.

»Ja, ich komme«, antwortete ich gehorsam.

»Hab' ich richtig gehört?« bellte er mich mit grimmigem Blick an. »Hier heißt das ›Jawohl‹ – verstanden?«

»Ja, Herr . . . ich meine jawohl!«

Niedergeschlagen und beschämt folgte ich ihm über den Rasen ins Haus. Aber noch bewahrte ich mir ein wenig Spannung auf das Neue. Es war ein großes Haus mit reichem Stuckwerk. Es gehörte früher einer jüdischen Familie. Herr Grothe zeigte mir einen Raum mit sechs Etagenbetten. Die anderen Jungen seien gerade einige Wochen zur Hopfenernte fort, erklärte er mir.

Es war ein kalter Raum mit den Betten, zwölf alten Schränken, einem großen Tisch und zwölf Holzschemeln. Zwei schmale Fenster ließen nur dämmeriges Licht in den Raum, genug, um deutlich zu machen, daß an den Wänden weder Bilder noch eine Tapete waren. Herr Grothe ließ mich allein, damit ich meine Sachen einräumen konnte. Ziemlich verlassen saß ich auf einem der unteren Betten und starrte die nackten Wände an.

Zuhause in Berlin hatten unsere Zimmer lebendige Farben. Sie strahlten Wärme, Freude und Leben aus. Ich fragte mich jetzt, ob ich sie jemals wiedersehen würde. Herr Grothe kam zurück, als ich meine Sachen noch ordnete. Auf einem kleinen Regal hatte ich einige Bücher aufgestellt. Darunter war auch eine Bibel, nach der er sofort griff.

»Was haben wir denn hier?«

Er blätterte in der Bibel und warf sie verächtlich aufs Bett. »Die brauchst du hier nicht, und im übrigen benötigst du den Platz für die Schulbücher.«

Meine Bibel war mir vertraut. Schon lange bevor ich lesen konnte, besaß ich eine mit Bildern, und diese hatte ich bereits fast durchgelesen. Die großen Männer und Frauen des Alten und Neuen Testaments waren meine Helden. Zuhause lasen wir täglich daraus, und mein Vater besaß eine ganze Anzahl verschiedener Übersetzungen.

In meiner Naivität erwiderte ich: »Aber ich habe meinen Eltern doch versprochen, täglich darin zu lesen!«

Er musterte mich einen Augenblick lang und lächelte vielsagend. »Dein Vater ist fort und deine Mutter ist nicht hier.« Dann aber wurde seine Stimme schärfer: »Der Führer hat für dich diesen Platz hier geschaffen und jetzt gehört all dein Gehorsam ihm. Offen gesagt, ich kann mir nicht vorstellen, daß er von diesem Buch auf deinem Bücherbrett erbaut wäre.«

Mir war gar nicht wohl, aber ich riß mich zusammen. »Jawohl, Herr Grothe« war alles, was ich herausbrachte.

2

Noch im Sommer 1944 hätte es niemand geschafft, mir einzureden, Deutschland könne den Krieg verlieren, obwohl das damals für den Rest der Welt schon deutlich sichtbar war. Rom war gefallen, und die Alliierten waren im Juni in der Normandie gelandet. Ende August waren sie in Paris einmarschiert. An der Ostfront waren die russischen Truppen schon weit in Polen.

Wir wußten auf der anderen Seite, daß der Krieg an einem Wendepunkt war. Ich hoffte aber, daß er noch wenigstens ein paar Jahre dauern würde, so daß auch ich noch eine Chance zum Kämpfen bekäme. Immer mehr Hitlerjungen mußten an die Front, und es schien so, daß auch ich bald an die Reihe käme.

Die Schule begann zunächst nicht. Wir warteten noch einige Wochen auf die Rückkehr der Jungen vom Ernteeinsatz. Der Rest unserer Truppe mußte Laub harken, Holz hacken und alles reparieren, was zu reparieren war. Herr Grothe hielt uns in Trab.

Die Schule war vor allem in einem großen Hotel untergebracht, das in der Nähe des Bahnhofs lag. Zum Essen mußten wir dreimal am Tag je zwei Kilometer zum Volkshaus zurücklegen, begleitet von den schneidenden Kommandos des Herrn Grothe.

Immer wenn ich versuchte, den Tschechen zuzuhören, machte ich die erstaunliche Entdeckung, daß ich vieles verstand. Ihre Sprache hatte Anklänge an die slawische Sprache, die ich aus meiner frühen Kindheit kannte. In Ostpreußen sprachen die alten Leute Masurisch, das der polnischen Sprache ähnlich ist. Als ich vorsichtig mit wenigen Ausdrücken hier und dort zu sprechen wagte, merkte ich, daß ich verstanden wurde. Das hat die Leute sehr verwirrt. Alles hatten sie erwartet, aber nicht, daß ein deutsches Braunhemd ihre Sprache sprechen würde.

Frau Bata war unsere Putzfrau, die unsere Räume reinigte. Eines Morgens konnte sie es nicht mehr aushalten. Sie kam sehr früh in unser Schlafzimmer. Wir waren dort allein, und sie fragte mich, woher ich die tschechische Sprache könne. Sie hatte etwas Großmütterliches an sich, als sie so vor mir stand, mit ihren kräftigen Armen auf den Besen gestützt. Ihre Freundlichkeit rührte mich, und ich fing an zu erzählen.

Ich wurde am 12. November 1931 in Schwentainen, einem Dorf in Ostpreußen, geboren. Meine Eltern stammten beide aus Olschuwken, nicht weit von dort. Mein Vater war Pastor der dortigen großen Baptistengemeinde.

Gerade wollte ich ihr noch von meinem Bruder Siegfried, drei Jahre älter als ich, erzählen, als die Tür aufflog. Frau Batas Arme gingen automatisch zum Fegen über.

»Aha, da bist du, Reinhold«, schnauzte mich Herr Grothe an und sah meine Bibel auf dem Bett liegen. »Du hast wohl wieder erst wertvolle Minuten des Tages mit diesem frommen Quatsch vergeudet.« Was sollte ich darauf antworten? Da kam mir Frau Bata zu Hilfe. »Reinhold nix gesund heute. Er mir bleich in Gesicht. Du nach seiner Zunge gucken!«

Bevor ich etwas antworten konnte, schaute mich Herr Grothe an und bestimmte: »In Ordnung, bleib im Bett. Aber es ist keiner da, der dir etwas zu essen bringen kann. Wenn du dich mittags besser fühlst, ist das nur zu deinem Vorteil.«

Als er raus ging, ließ er die Tür vernehmlich zuschlagen. Ich war erleichtert. Aber Frau Bata wollte mich noch nicht in Ruhe lassen.

Einer ihrer Söhne war gestorben, als er so alt war wie ich. Daher nahm sie so eine mütterliche Rolle mir gegenüber an. An diesem Morgen erzählte ich ihr, was ich aus meinen zwölf Lebensjahren wußte.

Ich habe das Leben auf dem Land geliebt. Unser Haus war Teil des Kirchengebäudes. Es war ganz am Ortsende des Dorfes mit ungefähr 800 Leuten gelegen. Meines Vaters Pflichten machten es erforderlich, daß er mehrere Tage der Woche unterwegs war, um in den Nachbarorten und -dörfern Besuche zu machen. Meine Mutter blieb zu Hause. Sie besuchte die Kranken, versorgte die Hühner und sorgte für zwei kleine Jungen.

Meine Mutter war nicht nur eine schöne Frau mit dunklem, gewelltem Haar, sondern auch sehr praktisch veranlagt und energisch zupackend.

Das Pastorenhaus war ein Ort, wo Durchreisende oder Dorfbewohner, die Hilfe oder ein Nachtquartier brauchten, häufig anklopften. Mein gutmütiger Vater war schnell bereit, alle ihre Geschichten zu glauben. Meine Mutter hatte dagegen ein scharfes Auge, um die falschen Bittsteller herauszufinden.

Trotzdem waren, wie ich mich gut erinnere, häufig unerwartete Gäste beim Abendessen am Tisch oder verbrachten die Nacht auf dem Sofa im Wohnzimmer. Mein Vater hat sich nie geärgert, wenn er übers Ohr gehauen worden war. »Geben ist seliger denn Nehmen«, zitierte er dann fröhlich.

Auf den Fahrten zu den verschiedenen Predigtplätzen haben wir meinen Vater oft begleitet. Wir sind dann mit einem Kutschwagen durch die tiefen ostpreußischen Wälder und weiten fruchtbaren Felder gefahren. Wir Kinder hielten Ausschau nach Wölfen und Füchsen. Meine Mutter hatte eine wunderschöne Stimme. Wenn sie dann begann, uns allen vertraute geistliche Lieder zu singen, fielen wir alle schnell ein. Im Winter wurden große Feldsteine erhitzt, die dann zu unseren Füßen auf dem Boden des Pferdeschlittens lagen. Wir wikkelten uns in wärmende Pferdedecken ein, um uns gegen die grimmige Kälte und den scharfen Wind zu schützen.

Wenn ich so zurückdenke, war immer ein Gast im Haus, entweder jemand, der in Not war, oder ein Verwandter, ein Evangelist oder auch ein Missionar. Besonders lieb waren mir die Missionare, und ich konnte nie genug von ihren exotischen Geschichten hören. Wenn ihre Geschichten einmal nicht meine Erwartungen erfüllten, malte meine lebhafte Phantasie die Berichte weiter aus.

Berlin, die Hauptstadt, war weit, und ich war noch jung. So hatte ich wenig Ahnung, was sich politisch in der Welt zusammenbraute und daß sich die Kriegsgefahr wie dunkle Wolken auftürmte. Ostpreußen war durch den polnischen Korridor vom übrigen Deutschland getrennt. Der Versailler Vertrag hatte diese Trennung verursacht. Für viele Deutsche war dieser Vertrag ein ständiges Ärgernis. Sie schwärmten von den macht- und glanzvollen Zeiten des Kaiserreiches. Ich hatte schon früh die ethnischen Unterschiede zwischen Polen und Deutschen zu lernen gehabt. Polen waren – so unsere Lehrer – Slaven und faul, unordentlich, minderwertig. Wir waren Arier, hart arbeitende Deutsche.

Als meine Onkel, selbst Deutschamerikaner, uns in unserem kleinen einsamen Ort besuchten, brachten sie uns einen Eindruck von der neuen deutschen Identität mit, wie sie in den Städten heranwuchs und die sie an vielen Stellen erlebt hatten. In neugefundenem Patriotismus bemängelten sie, daß nur beim Bürgermeister und an der Schule die deutsche Flagge wehte. Sie errichteten Flaggenmasten auf den elterlichen Grundstücken. Jeden Morgen wurde dann mit einer pompösen Zeremonie die Hakenkreuzfahne gehißt, während einer von ihnen das Ganze filmte.

Selbst als mein Vater dann zu militärischen Reserveübungen fort mußte, hatte das keine größere Bedeutung für mich. Zum Wochenende war er immer wieder zu Hause, und seine prächtige, strahlend saubere Uniform erfüllte mich mit Stolz. In meiner Phantasie malte ich mir all die Kriegsspiele aus, die er spielte. Schmutz an seiner Uniform fiel mir nicht auf.

Mein Vater erhielt im Herbst 1937 einen Ruf an eine Gemeinde in Berlin. Ich konnte mir keine wirkliche Vorstellung von dieser großen Stadt machen, obwohl ich Bilder von den breiten Straßen und den herrlichen Lindenalleen, den Konzerthallen und großartigen Regierungsgebäuden sowie den großen Wohnhäusern für die Millionen Einwohner gesehen hatte.

Die Welt schaute 1937 mit wachsender Sorge nach Berlin. Hitler, der Führer, hatte das Land tatsächlich aus der tiefen Depression herausgebracht. Mit einer Kombination von Anleihen und rigorosen Sparmaßnahmen hatten die Nazis die Produktion angekurbelt, Arbeitsplätze geschaffen und vor allem wieder ein Nationalbewußtsein entfacht. An jeder Ecke hing die Hakenkreuzfahne, und der Marschtritt der Braunhemden dröhnte in allen Straßen. In der Reichskanzlei entwickelte Hitler inzwischen Pläne zur Eroberung Europas, denn: Deutschland und deutsche Art werden für die nächsten tausend Jahre bestimmend sein.

Die Stunde des Abschieds von Ostpreußen kam. Wir wurden mit einer offiziellen Feier in der Gemeinde verabschiedet, mit vielen Ansprachen, besonderen Musikstücken, Gedichten, Blumen, Geschenken, Hunderten von Küssen und vielen, vielen Tränen. Unser Weg zum Bahnhof führte uns vorbei an der Sägemühle, an der Schule und der Lutherischen Kirche. Und dann sah ich da meinen besten Freund mit seinem Hund am Wege stehen. Gestern hatten wir uns noch ewige Freundschaft geschworen, heute wollte er nicht einmal zum Abschied winken. Er stand nur da, streichelte seinen Hund und wandte sich ab.

Wir fuhren mit dem Zug von Schwentainen nach Ortelsburg, der nächsten Kreisstadt. Dort stiegen wir um nach Allenstein, wo wir dann einen D-Zug nach Berlin hatten.

Unser neues Zuhause wurde jetzt eine Wohnung, die zum Gemeindehaus Berlin-Neukölln gehörte, Boddinstraße 45, nahe beim Flughafen Tempelhof. Wir wohnten so dicht am Flughafen, daß ich alle Einzelheiten der tief über unser Haus fliegenden Maschinen erkennen konnte.

Mit offenen Augen begegnete ich dem pulsierenden Leben der Hauptstadt des Dritten Reiches. Die Marschmusik sog ich in mich auf. Hier in dieser Stadt pflanzte sich in den folgenden Jahren der Geist der arischen Überheblichkeit und des Militarismus in mein junges Herz ein, parallel zum Evangelium des Friedens und der Liebe.

Hier begann der Kampf um eine Nachfolge – ein Kampf der geteilten Loyalitäten, der erst im Zusammenbruch und den desillusionierenden letzten Tagen des Krieges offen zutage treten sollte.

3

Meine Erinnerungen hatten mich so sehr gefesselt, daß ich darüber fast vergessen hatte, daß ich in der Tschechoslowakei war und Frau Bata mir nicht untätig stundenlang zuhören konnte. Wenn ich mittags etwas Vernünftiges zu essen haben wollte, mußte ich auch noch einige Hausarbeiten verrichten. Denn das war eisernes Gesetz, wer essen wollte, mußte auch vorher gearbeitet haben.

Ich war an diesem Tag an der Reihe, Toiletten und Waschräume zu reinigen. Mir war völlig unverständlich, wie so wenige Jungen diese beiden Räume zu einem solchen Schweinestall machen konnten. Jürgen, einer meiner neuen Freunde, lachte nur: »Warte erst einmal ab, bis sie wieder alle zurück sind. Was meinst du, wie es hier aussieht, wenn alle 100 Pimpfe den Waschraum benutzt haben? Und dann noch das ewige Marschieren«, stöhnte er.

»Was, was ist mit dem Marschieren?« Ich war für einen Augenblick nicht ganz bei der Sache.

»Dreimal«, antwortete Jürgen, »dreimal am Tag! So wie wir jetzt gemütlich zum Essen ins Volkshaus gehen, so müssen wir dann die gleiche Strecke dreimal am Tag mit Singen und lauten Kommandos zurücklegen.«

»Magst du das Singen nicht?«

»Doch, nur nicht, wenn mir die Schneeflocken in den offenen Mund fliegen.«

Um die Mittagszeit herum beschloß ich, wieder so weit gesund zu sein, um mich den wenigen Jungen auf dem Weg zum Volkshaus anschließen zu können. Als wir so durch die Straßen gingen, schien es, als gehörten wir zur übrigen Bevölkerung. Wir hatten Zivil an, und niemand nahm besondere Notiz von uns.

Auf dem Rückweg vom Mittagessen durften wir uns selbständig machen, uns umsehen und Einkäufe tätigen. Daß ich mich in Tschechisch verständigen konnte, machte großen Eindruck auf meine Freunde und auf die Verkäuferinnen. Es passierte oft, daß diese unter den Tresen griffen und Dinge hervorzauberten, die sie für sich selbst aufgehoben hatten.

Diese zwei Kilometer, die wir dreimal am Tag zum Volkshaus zurücklegten, waren unsere glücklichsten Augenblicke. Während wir darauf warteten, daß die anderen zurückkehrten, bestand unser Leben in der Villa vornehmlich darin, Herrn Grothe möglichst aus dem

Weg zu gehen und einigermaßen das zu tun, was er anordnete. Während der Nacht gab uns das hohe schmiedeeiserne Tor und der Zaun um den Park des Hauses das Gefühl, wie in einem Gefängnis zu sein.

Mit dem täglichen Arbeitsdienst und dem Hin- und Rückmarsch zur Stadt war der Tag gut ausgefüllt, und es blieb wenig Zeit für uns selbst übrig. Natürlich konnten wir Briefe nach Hause schreiben. Wir mußten sie aber Herrn Grothe unverschlossen abliefern. Der Gedanke, daß er die Briefe erst einmal lesen würde, ließ die Schreibfreudigkeit schnell erlahmen. So lag ich oft auf meinem Bett und ließ meinen Gedanken freien Lauf. Weil ich mir nicht vorstellen konnte, was kommen würde, zog ich mich in Gedanken in die Vergangenheit zurück.

Unser erster Tag in Berlin in unserer neuen Wohnung, vier Zimmer, Küche, Bad und ein kleiner Abstellraum. Als wir im Oktober ankamen, war uns nicht gleich deutlich, wie kalt und ungemütlich die Wohnung war, wie sich dann ein paar Wochen später herausstellte. Ich ging durch die noch leeren Räume und konnte mir nicht recht vorstellen, wie diese Wohnung behaglich werden sollte. Da donnerte plötzlich ein Flugzeug über unser Haus. Ich stürzte ans Fenster, da war es! so nahe und niedrig, daß ich die Kabinenfenster und alle Beschriftungen klar erkennen konnte. So etwas hatte ich noch nie gesehen.

Wie konnten die Kinder dort auf der Straße mit dem Kopfsteinpflaster ruhig weiterspielen, als sei gar nichts geschehen! Mir war unverständlich, warum nicht auch sie jeden Augenblick dieses Wunder bestaunten.

Ein paar Monate später begann für mich in Berlin die Schulzeit. Bisher hatte die Geborgenheit unserer Familie mit den täglichen Gebeten und dem ausgeprägten christlichen Lebensstil mein Leben und Denken geformt. Jetzt bekam der Staat seine Chance.

Siegfried hatte mich gewarnt. Die Schule sei hart, und ich würde es bestimmt nicht schaffen. »Ich werde es dir schon zeigen«, dachte ich.

Welch ein Glück war es aber doch, als wir im Sommer 1939 noch einmal nach Ostpreußen fuhren! Mir fehlten die Wälder und die endlosen Felder. Mir fehlte es, barfuß durch Gras und Staub zu laufen. Ich war jetzt fast 8 Jahre alt, aber mein Großvater behandelte mich schon wie einen Mann. Er brauchte Hilfe auf dem Feld. So lernte ich die Zügel zu halten und die Pferdewagen zu lenken.

In diesem Sommer aber fiel mir in Ostpreußen etwas auf, was es vorher nicht gab. In den Dörfern wimmelte es von Soldaten und Militärfahrzeugen. Der Aufmarsch deutscher Truppen hatte begonnen. Ich wußte allerdings nichts von der drohenden Kriegsgefahr. Man erzählte sich zwar, daß die Polen alle Deutschsprachigen schikanierten. In den Zeitungen waren schreckliche Bilder von dem, was die Polen getan haben sollten. Ich hatte auch oft den Ausspruch gehört »Auge um Auge, Zahn um Zahn« und fragte mich, ob das recht sei. Dieser Ausspruch aus dem Alten Testament war gewiß nicht das neue Gebot Jesu.

Trotzdem beeindruckte mich der Anblick der Soldaten. Ich wollte auch einmal Teil dieser furchtlosen Armee sein. Besonders die Panzer hatten es mir angetan, und ich stellte mir immer wieder vor, wie ich im Kommandoturm eines dieser lärmenden Ungeheuer säße.

Der Sommer ging zu Ende. Auf dem Rückweg nach Berlin hörte ich das erste Mal mit Bewußtsein das Wort Krieg. Jedes Jahr hatte mein Vater mehrere Monate zu Reserveübungen fort gemußt. Mir wurde klar, daß er im Kriegsfall auch fortgehen mußte, und dieser Gedanke ließ in mir erste Zweifel aufkommen. Ich wollte selbst gern Soldat sein, aber würde ich jemanden töten können? War ich nicht immer gelehrt worden, auch die andere Wange hinzuhalten? Ich konnte mich nicht einmal selbst verteidigen. »Liebe deine Feinde« – so war ich gelehrt worden, und meine eigene Schwäche brachte mich oft genug zur Verzweiflung.

Aber wie war das doch? Der Krieg sollte nur wiederbringen, was uns unrechtmäßig genommen worden war. Mir war zwar nicht klar, was es hieß, wenn das Rheinland, Österreich und dann das Sudetenland »befreit« worden waren. Nur eines wußte ich, Deutschland hatte die beste Armee der Welt. Es durchschauerte mich, wenn das Deutschlandlied angestimmt wurde. »Deutschland, Deutschland über alles!« Ich war stolz, ein Deutscher zu sein. Doch hatte mein Vater nicht gesagt: »Mein ist die Rache, spricht der Herr. Ich will vergelten«? War dies vielleicht Gottes Vergeltung, daß er uns half, unsere Feinde zu schlagen, die uns einst besiegt hatten? Tief in meinem Inneren war ich ein wenig beunruhigt und ängstlich.

Als der Schulanfang im Herbst näherrückte, redeten immer mehr Menschen vom Krieg. Das Benzin wurde rationiert.

Am 1. September 1939 um 5.45 Uhr überschritten deutsche Truppen die polnische Grenze, während in Berlin die Stadt erwachte und die Arbeiter versuchten, die neuesten Tageszeitungen auf dem Weg zur Arbeit zu erstehen. »Der Tag« war da! Urplötzlich spielte die ganze Stadt verrückt. Fabriken schlossen die Tore, Geschäfte blieben geschlossen, Leute gröhlten auf den Straßen, und die Schlagzeilen der Zeitungen verkündigten: »Kein Friede ohne Sieg.« Der Rundfunk gab die Anordnung durch, daß alle Fahnen herausgehängt werden sollten, um den Beginn einer neuen, siegreichen Ära zu feiern.

Auch mich packte die Begeisterung. Ich rannte von einem Freund zum anderen. Wir fragten uns, was das alles für uns bedeuten würde und ob der Krieg lange genug währen würde, damit wir auch noch dabeisein konnten. Mein Vater hatte mir erzählt, daß gegen Ende des 1. Weltkrieges niemand mehr zur Schule gehen wollte. Ich war sicher, so würde das auch jetzt wieder sein.

Als wir überall in der Nachbarschaft Fahnen sahen, rief ich meinen Bruder, und wir stürzten in unsere Wohnung. Wir nahmen immer zwei Stufen auf einmal. »Die Fahne muß raus«, rief Siegfried atemlos. Ich rannte in die Vorratskammer, wo die Fahne lagerte. In wilder Begeisterung hängten wir sie aus dem Fenster.

Meine Eltern waren sehr still. Sie schienen niedergedrückt zu sein und ein wenig verwirrt. Meine Mutter war traurig, was ich gar nicht verstehen konnte. Solch ein glorreicher Augenblick, und sie zeigten keine Begeisterung!

So, wie ich es erhofft hatte, kam es auch. Die Schule fiel an diesem und dem darauffolgenden Tag aus. Den ganzen Tag hingen wir am Radio und verfolgten die Nachrichten vom Blitzkrieg. 56 deutsche Divisionen waren auf dem Vormarsch auf Warschau und andere polnische Städte. Die Stukas stürzten sich unter ihrem nervtötenden Geheul wie Blitze aus dem Himmel auf die polnischen Truppen. Die schwereren Bomber zerstörten Festungen und Fabriken.

Inzwischen mußten wir wieder zur Schule. Wir konnten uns kaum konzentrieren, obwohl es in einem Monat Zeugnisse gab. Wir tauschten Kriegsgeschichten und Kriegsphotos aus Zeitungen und Zeitschriften und entwickelten uns zu Experten für Flugzeugtypen, Panzer und militärisches Gerät aller Art.

Am 27. September war der Blitzkrieg vorbei. Am folgenden Tag wurde in ganz Deutschland dieser »kürzeste siegreiche Krieg«, wie unser Lehrer es nannte, gefeiert. In der Schule kamen wir in der Aula zusammen. Flaggen, Marschmusik und Ansprache vermittelten uns die Gewißheit, daß die Deutschen als die »Herrenrasse« im Begriff waren, die Führung der Welt zu übernehmen.

Einige Tage nach diesen Feierlichkeiten stellte ich unserem Klassenlehrer, Herrn Bendritz, die Frage, die mich seitdem beschäftigte.

Gleich am Anfang der Stunde stand ich auf und fragte ihn, so daß alle in der Klasse es hören konnten: »Herr Bendritz, warum sind alle Juden schlecht?« Vor ein paar Tagen hatte der Rektor sie »das korrupteste und verräterischste Pack in der Welt« genannt. Das hatte ich natürlich nicht zum ersten Mal so gehört, denn die Nazis hatten den Antisemitismus zum Markenzeichen des »neuen Deutschland« gemacht. Alle Parteigenossen taten sich damit besonders hervor, um ihre Loyalität herauszustellen.

Für mich war das so fremd, weil ich mit den Gestalten des Alten und Neuen Testaments groß geworden war, mit David, Josua, Petrus und Johannes. Sie waren meine Vorbilder. Ich war den Spuren Abrahams von Ur in Chaldäa aus gefolgt und hatte Josef nach Ägypten begleitet. Mir war immer gesagt worden, daß die Juden Gottes auserwähltes Volk sind, und außerdem hatte ich einen jüdischen Freund, Esau, der ein prächtiger Freund und auch sonst ein ganz normaler Junge war.

Meine Frage traf den Lehrer völlig unvorbereitet. Warum mußte der Pastorensohn, mit einer Eins im Betragen, so etwas fragen? »Eben weil sie Juden sind«, stotterte er. »Aber Esau hier ist auch ein Jude!« Ich zeigte auf den dunkelhaarigen Jungen an meiner Seite, »und er ist ein guter Kerl!«

»Alle Juden sind schlecht«, hieß es wieder, nun mit einer etwas schärferen Stimme, »auch Esau und die beiden anderen jüdischen Schüler in der Klasse.«

Wieder wollte ich fragen, aber Herr Bendritz brachte sich in Pose des Antisemiten und kam nun erst recht in Schwung: »Die Juden haben schuld, daß eure Eltern durch die wirtschaftliche Depression gehen mußten. Die Juden sind schuld daran, daß Deutschland den Krieg verloren hat.«

Die meisten Mitschüler der 2. Klasse wären sicher froh gewesen, wenn wir zu Schreiben und Lesen übergegangen wären. Aber der Lehrer fuhr fort mit seiner Tirade. Er war Parteigenosse.

Mit erhobener Stimme und lebhaften Armbewegungen fuhr er fort: »Jeder gute Deutsche muß die Juden hassen. Sie vergiften unser reines arisches Blut. Sie sind gefährliche Blutsauger. Sie untergraben die Wirtschaft unseres Landes. Jungen, habt nichts mit Juden gemein! Das Vaterland benötigt euch, unverdorben durch das Gift dieser niedrigen Rasse.«

Das war Parteidoktrin, wie sie im Buche steht, direkt aus »Mein Kampf«.

Nach der Schule wollte ich gleich mit Esau sprechen, um ihm zu sagen, daß er immer noch mein Freund sei. Aber unter den argwöhnischen Blicken von Herrn Bendritz wagte ich es nicht. So ging ich schnell an seinem Platz vorbei und vermied es, seinen dunklen traurigen Augen zu begegnen.

Zu Hause ging ich direkt ins Arbeitszimmer meines Vaters. Ich platzte die ganze Sache sofort heraus und erzählte ihm alles. »Ich glaube das alles nicht«, schloß ich, »aber er wurde fast verrückt, als ich ihn fragte.«

Mein Vater hörte geduldig zu; natürlich kannte er die ganzen Argumente. Aber er wußte auch, daß die fortgesetzte Wiederholung von Lügen, Halbwahrheiten und Beschuldigungen selbst den vernünftigsten Menschen auf die Dauer zur Änderung seiner Meinung bringen konnte. Er würde aber nun nicht diese Verleumder beschimpfen. Er würde nur die Wahrheit des Wortes Gottes als Waffe benutzen. So wiederholte er noch einmal sorgfältig die Geschichte Israels für mich. Als er damit geendet hatte und mir noch einmal die Führung Gottes dabei verdeutlicht hatte, schloß er mit den Worten:

»Vergiß nie, Reini, Jesus war ein Jude, und Maria und Josef und alle seine Jünger auch.«

Mich hat das Ganze an dem Abend noch lange beschäftigt, und ich nahm mir fest vor, Herrn Bendritz am nächsten Morgen noch eine weitere Frage zu stellen.

Gleich zu Beginn des Unterrichts meldete ich mich. Er aber übersah meine Hand und begann mit dem Lesen der Anwesenheitsliste. Als mein Name dran war, rief ich:

»Hier, und ich habe eine Frage!«

»Worum geht es?« fragte er scharf.

»Um die Juden, Herr Bendritz.«

Als ich das herausbrachte, bekam ich doch Zweifel, ob das vernünftig war, was ich da tat.

»Darüber haben wir gestern gesprochen!«, und damit ging er wieder zur Namensverlesung über. Aber ich ließ mich nicht abwimmeln und blieb stehen.

»Was ist los, Kerstan, warum setzt du dich nicht?«

»Weil ich noch eine weitere Frage wegen der Juden habe!« Ihm stieg Zornesröte ins Gesicht, aber er beherrschte sich.

»Ja, ja, und was willst du wissen?«

»Letztes Jahr nahm mich mein Vater mit in das Stadtzentrum.« Ich zögerte etwas, aber Herr Bendritz drängte mich ungeduldig voran.

»Dabei kamen wir an einer brennenden Synagoge vorbei, die aber keiner versuchte zu löschen. Als mein Vater sich nach dem Grund dafür erkundigte, hieß es: ›Wir verschwenden kein Wasser an Juden, es sei denn, um sie zu ertränken.‹«

Herr Bendritz trat ungeduldig von einem Fuß auf den anderen. So beeilte ich mich, um zu meiner Frage zu kommen.

»Als wir zur Berliner Straße kamen, brannte dort eine Reihe Geschäfte. An den Wänden waren Sprüche wie ›Wir kaufen nicht bei jüdischen Ratten‹ und ›Juden raus‹.«

»Ha, seht euch dieses Genie an«, unterbrach der Lehrer ironisch meine Rede. »Im vergangenen Jahr war er gerade sechs Jahre alt und konnte noch gar nicht lesen, und jetzt behauptet er, alle Inschriften gelesen zu haben. Wie kam es denn, daß du alles lesen konntest, was auf den Schaufenstern stand?«

»Mein Vater hat es mir vorgelesen«, sagte ich und war den Tränen nahe.

»So, dein Vater hat es dir vorgelesen. Und was hat er sonst getan? Mochte er die Wandsprüche? Was hat er gesagt?«

»Nein, mein Vater war sehr traurig und empört. Er liebt die Juden, denn alle Apostel waren Juden . . . und auch Jesus war Jude.« Ich warf das schnell noch ein, als ob ich ihn damit beeindrucken könnte.

Herr Bendritz war ganz und gar nicht beeindruckt. Ganz im Gegenteil. Er klappte das Klassenbuch zu, lehnte sich auf seinem Stuhl zurück. Erst schaute er aus dem Fenster, dann wieder zu mir und noch einmal zum Fenster hinaus.

»Ja, die Kristallnacht, ich erinnere mich gut. Unsere SA-Truppe hatte eine spezielle Aufgabe.« Die Erinnerungen wurden bei ihm wach. »Wir sollten Farbe, Hämmer, Pinsel und Streichhölzer mitbringen. Die Geschäfte der Juden kannten wir genau und wußten auch, wo sie sich am Sabbath trafen. Wir machten uns an die Arbeit, haben die Sprüche gemalt und die Schlösser der Geschäfte aufgebrochen, aber nicht geplündert.«

»Aber die Schaufenster waren kaputt, und viele Leute haben aus den Geschäften Sachen rausgeholt, ohne zu bezahlen. Ich hab's selbst gesehen«, widersprach ich ihm.

Herr Bendritz machte den Eindruck, als notiere er sich im Geist, einem Jungen keine Eins im Betragen zu geben, der es wagte, diese notwendige Reinigungsaktion in der Kristallnacht in Frage zu stellen.

»Die SA oder Parteigenossen begeben sich nicht auf solch eine niedere Ebene, nicht einmal, wenn es sich um Juden handelt. Nachdem wir unsere Arbeit getan hatten, sind wir nach Hause gegangen.« Er war etwas ungehalten. Aber jetzt wurde der Rest der Klasse lebendig. »Und wer hat die Synagogen angesteckt?« fragten sie. Die Geschichte hatte sie gepackt.

»Das haben wir auf dem Rückweg noch nebenbei erledigt. Aber wir haben uns erst vergewissert, daß niemand in der Synagoge war.«

Auf dem Nachhauseweg redeten wir über die Kristallnacht miteinander. Jeder erinnerte sich daran. Einige hatten sogar geplünderte Sachen zu Hause.

»Mein Vater hat sich eine Uhr aus einem jüdischen Geschäft geholt«, erzählte ein Junge. Ich konnte das nicht fassen. »Warum denn nicht?«, verteidigte sich Jürgen. »Mein Vater sagt, die Juden hätten sich die Sachen ja zuerst von anderen gestohlen.«

Einige erzählten stolz, wie sie Steine in die Schaufenster geworfen hätten, ohne daß die Polizei eingeschritten sei. Ich fühlte mich wie ein Außenseiter. Mein Vater war mit mir durch das ganze chaotische Durcheinander gegangen, aber er hat nicht ein Stück von all der Ware genommen, die auf der Straße oder in den zerschlagenen Schaufenstern herumlag. Ich durfte selbstverständlich auch nichts mitnehmen. Er ging nur weiter und konnte nicht glauben, was er sah. »Nein«, sagte er immer wieder, »nein, nein! Das hätten sie nicht tun dürfen. Sie dürfen Gottes Volk nicht antasten. Das wird ein schlimmes Ende nehmen.«

Zur gleichen Zeit muß er aber die Ahnung bekommen haben, daß dies nur erst ein Anfang war.

4

»Dem ›Reich‹ zu dienen ist Ehrensache.« Das versuchte jeder Deutsche zu glauben, ja wollte es glauben, obwohl es Opfer und Anstrengungen bedeutete. Alles diente nun dem Krieg. Lebensmittelkarten garantierten uns wenigstens eine begrenzte Menge an Butter, Fleisch und Brot. Benzin war rationiert, und selbst Seife war nur schwer zu bekommen. Überall stand in den Geschäften zu lesen: Ausverkauft! Nachts war alles dunkel. Immer aber begegnete einem das Motto: »Ein Volk, ein Reich, ein Führer.«

Es hätte deshalb für uns nicht besonders überraschend sein müssen, als mein Vater am 2. November 1939 eingezogen wurde, zehn Tage vor meinem achten Geburtstag.

Mit 18 Jahren wurden junge Männer und Frauen, nach der Zeit in der Hitler-Jugend, zum Arbeitsdienst verpflichtet. Danach kam das Militär. Das war dann die Krönung bürgerlicher Erziehung, wie es in Hitlers »Mein Kampf« stand.

Meine Mutter hatte darauf gehofft, daß mein Vater als Pastor freigestellt würde. Aber es gab da keine Ausnahmen. Es traf sie sehr hart. Sie weinte die meiste Zeit bei all den Vorbereitungen für seine Abreise. Mein Vater wollte die Gemeinde gut versorgt zurücklassen. Er hatte Vorkehrungen getroffen, daß genügend Laien den Predigtdienst versorgen konnten, und meine Mutter erhielt von ihm eine Fülle verschiedener Anweisungen für alle möglichen Situationen. Ich versuchte, meine Mutter zu trösten, denn ich war stolz auf meinen Vater und konnte mir einfach nicht vorstellen, daß er in Gefahr geraten könnte. Aber meine Mutter wollte sich nicht recht trösten lassen. Sie war nicht der Typ, der alles gleichmütig ertrug. Für mich war noch eine Auswirkung bei alledem dabei. Ich konnte jetzt, wenn ich gefragt wurde, sagen, mein Vater sei Soldat – und nicht Pastor. Es war schon schwer genug, sich als Christ zu bekennen, aber Sohn eines Pastors zu sein war noch viel schwieriger.

Kurz vor Weihnachten kam mein Vater auf Urlaub nach Hause. Es läßt sich nur schwer beschreiben, wie uns zumute war. Weihnachten war eben eine ganz besondere Zeit. Die Regierung lockerte die Bestimmungen für die Lebensmittelrationen. Es gab besondere Zuteilungen in der Weihnachtswoche, ein Ei zusätzlich, etwas mehr Zukker, Schokolade und Gewürze. Mein Bruder und ich hatten schon einen Weihnachtsbaum gekauft, »einen sehr schönen Baum«, wie mein Vater anerkennend bemerkte.

Und dann übernahm er wieder ganz die Rolle des Familienoberhaupts. Wir durften in keinem Fall irgendetwas von dem mitbekommen, was im Wohnzimmer am Tag vor Weihnachten vor sich ging. Nur das Papierrascheln war zu hören, und wir versuchten durchs Schlüsseloch zu schauen. Ab und an kam mein Vater aus dem Zimmer und meinte, wir sollten die Zeit mit Weihnachtsliedersingen verkürzen. Wir haben uns das Herz aus dem Leib gesungen, nur die Zeiger der Uhr schien das gar nicht zu beeindrucken.

Dann aber, Schlag 5 Uhr, ging die Tür auf. So war es jedes Jahr. Beim Klang der Weihnachtsmusik aus dem Radio schritten wir in das geschmückte Weihnachtszimmer. Wir konnten einen ersten Blick auf die Geschenke unterm Weihnachtsbaum werfen, aber sie nicht anrühren. Zuerst las mein Vater die Weihnachtsgeschichte aus der Bibel. Anschließend hatten wir noch eine Gebetsgemeinschaft. Danach nannte mein Vater die Namen von Verwandten, und bei jedem Namen zündete einer von uns eine Kerze am Weihnachtsbaum an, bis der ganze Raum im Schein der Kerzen hell erstrahlte.

Auch an diesem ersten Heiligen Abend im Krieg gab es Geschenke für uns. Siegfried und ich waren schon bald damit beschäftigt, die neuen Spielsachen auszuprobieren und andere Geschenke zu begutachten. Unsere Eltern waren auffallend still. Die an solchen Tagen sonst gewohnte Freude war gedämpft. Wir wußten natürlich, daß dabei das Wissen eine Rolle spielte, daß mein Vater uns in wenigen Tagen wieder verlassen mußte, und dieses Mal ging es sicher an die Front. Ich hatte keine Ahnung, was das bedeutete, mit Großbritannien und Frankreich im Krieg zu sein und daß die Russen einen Monat früher in Finnland einmarschiert waren. Ich ahnte den Ernst, wenn ich meine Eltern beobachtete, und das alarmierte mich.

Am 30. Januar 1940 mußte mein Vater nach Frankreich. Im Sommer kam er auf Urlaub. Ich war enttäuscht, daß er nicht unsere Kriegsbegeisterung teilte. Die Indoktrination durch das Propagandasystem der Partei war bei uns nicht nur oberflächlich, sondern tief eingedrungen. In der Schule, aus dem Radio und durch meine Freunde nahm ich die Lehren dieses neuen deutschen Glaubens tief in mich auf. Ja, es schien, als wäre die ganze Luft um mich herum davon erfüllt.

Immer aber war da auch eine kleine Stimme des Zweifels in mir, schwach zwar, aber nie ganz still. Warum hat mein Vater noch keinen einzigen Schuß abgegeben? Konnte er die Feinde aufgrund seines Glaubens nicht töten? So sehr ich auch Soldat werden wollte, würde ich den Abzug drücken können?

In meinem Denken und Leben blieb ich die meiste Zeit gespalten. Da waren eben die zwei Ebenen, die miteinander stritten. Auf der einen Seite meine Liebe zu Jesus Christus und zur Gemeinde und auf der anderen Seite mein Stolz auf das Dritte Reich. »Hitler hat gesagt, daß er innerhalb der nächsten zwei Wochen in London einmarschieren wird«, sagte Siegfried voller Überzeugung zu meinem Vater. »Ich hoffe das, aber ich bin nicht davon überzeugt«, entgegnete mein Vater. »Hast du gehört, was Churchill seinen Leuten versprochen hat?«, fuhr mein Bruder fort. »Nur Blut, Schweiß und Tränen könne er ihnen versprechen. Und Hermann Göring hat gesagt, er wolle Meier heißen, wenn je ein einziges feindliches Flugzeug über deutsches Gebiet fliegen sollte.«

»Ich hoffe das wirklich, ich hoffe das wirklich«, sagte mein Vater. Er überließ es unserer eigenen Vorstellung, was er mehr herbeiwünschte, feindliche Flugzeuge über Deutschland oder daß Göring Meier heißen würde.

Unser deutscher Volksempfänger stand auf einem kleinen Regal in der Küche. Es war einleuchtend, warum die Partei wollte, daß in jedem Haus ein solches kleines Radio war. Oft genug stand es im Mittelpunkt des Interesses. Wir versammelten uns um das Radio, um den Propagandaminister Joseph Goebbels zu hören oder auch den Führer. Vor dem Radio lauschte ich Baldur von Schirach, dem Reichsführer der Hitler-Jugend. Im Radio war immer etwas los. Es umgab uns wie die Tapete an der Wand, immer gegenwärtig. Wir fanden das ganz selbstverständlich. Durch das Radio hatten wir von den »Befreiungen« der Nachbarländer gehört, und jetzt warteten wir auf die Sondermeldungen von den Kriegsschauplätzen. Die Halbwahrheiten und raffinierten Lügen ließen mich glauben, daß die Alliierten mit allen nur denkbaren üblen Tricks arbeiteten. Immer und immer wurde uns verdeutlicht, wie verbrecherisch die Engländer, wie schwach und feige die Franzosen und wie überwältigend stark die Deutschen wären. Dazwischen ertönten dann die großartigen Werke deutscher Musik, gespielt von den Berliner Symphonikern.

Die Schule interessierte mich nicht besonders. Mit Mühe schaffte ich eine 3 in Musik. Meine 2 in Betragen war wohl lediglich auf das große Interesse zurückzuführen, das ich für die Kriegsereignisse zeigte. Zu Hause studierte ich eingehend die Karten und verfolgte den

Weg der deutschen Truppen durch Dänemark und Norwegen, durch Belgien und Holland und schließlich nach Frankreich. Jedes Buch über den Krieg, das ich in die Finger bekam, habe ich verschlungen. Die Briefe meines Vaters habe ich immer wieder gelesen. Als wir dann auch noch von der schmachvollen Flucht der Belgier, Briten und Franzosen aus Dünkirchen hörten, konnte uns nichts beirren: Deutschland war das überlegene Volk. »Vorsehung« und »Schicksal« waren Lieblingsbegriffe Hitlers. Mit diesen Begriffen schaffte er es, mehr in unserem Volk zu mobilisieren, als es jemals in der Geschichte unseres Volkes möglich gewesen war.

In dem gleichen Sommer fuhren wir während der Ferien noch einmal nach Ostpreußen. Das war ein herrliches Gefühl, als wir durch den früher polnischen Korridor in dem Bewußtsein fuhren, daß dies jetzt deutsches Gebiet war. Kein polnischer Soldat verplombte, wie früher, die Türen. In jedem Dorf wehte stolz die Hakenkreuzfahne.

Während wir noch dort waren, durchbrachen englische Flugzeuge zum ersten Mal die deutsche Flugabwehr und bombardierten unsere Stadt. Göring hatte seinen Namen nicht geändert, soviel ich wußte. Aber mich zog es trotzdem nach Berlin zurück. Abends im Bett führten Siegfried und ich lange Diskussionen. Wir stellten uns die heranbrummenden Flugzeuge vor, die Einschläge der Bomben und die Blitze der Explosionen. Uns tat leid, daß wir das alles nicht miterleben konnten. Als wir zurückkehrten, war es für uns beinahe enttäuschend, daß unser ganzer Bezirk unzerstört war.

Vater kam eines Tages unverhofft zu einem Wochenendurlaub nach Hause. Er wirkte sehr verstört. Beim Abendessen erzählte er uns, daß Hitler den Engländern ein Waffenstillstandsangebot gemacht hatte. Die Engländer aber hatten abgelehnt. Mein Vater war von den Engländern tief enttäuscht. »Nun wird der Krieg sich ausweiten, und ich werde noch länger fort sein.«

Mich hatte die Kriegsbegeisterung gepackt, wie das bei einem Kind nur möglich war. Alle militanten Reden seitens des Staats saugte ich tief auf wie ein trockener Schwamm. Ich war bereit, in den Krieg zu ziehen, und wollte meine eigenen Erfahrungen machen.

Eines Nachts riß mich die Sirene aus dem tiefsten Schlaf. Ich griff nach meinen Sachen und folgte meiner Mutter in den Keller. Die Hausbewohner hatten den Luftschutzkeller mit Stühlen, Decken, Trinkwasser und Erste-Hilfe-Material ausgestattet. Dieses Mal war es noch falscher Alarm. Nach einigen Stunden gingen wir wieder nach oben.

Ein paar Nächte später ging es aber wirklich los. Von da an saßen wir mehrmals die Woche zusammengepfercht im Luftschutzkeller, während über uns die britischen Bomber dröhnten. Tagsüber sammelten wir in den Straßen Bomben- und Granatsplitter. Wir tauschten die Splitter untereinander so wie heute Jungen Bilder mit Fußballstars. Als die Bombenangriffe häufiger und regelmäßiger wurden, organisierte die Regierung ein Evakuierungsprogramm, die Kinderlandverschickung, kurz KLV. Siegfried kam nach Weißwasser in der Lausitz, ungefähr 150 Kilometer südöstlich von Berlin. Plötzlich wurde mir bewußt, wieviel er mir bedeutete. Obwohl er im vergangenen Jahr viel mehr Zeit für die Schule verwandt hatte, während ich auf der Straße spielte, hatte ich doch das Gefühl, wieder einen Verlust zu erleben, den der Krieg verursachte. Zuerst war es mein Vater und jetzt Siegfried.

Als wir im Sommer noch einmal nach Ostpreußen fuhren, kam der Feind immer näher.

Im Herbst 1941 kam ich in das Jungvolk. Es gab nur wenige Ereignisse, die für einen deutschen Jungen so bedeutend waren. Schon vor ihrer Machtübernahme hatten die Nazis eine Jugendorganisation aufgebaut. In Hitlers »Mein Kampf« hatte er bereits ein spartanisches Schulungsprogramm für die Jugend entworfen, das sehr früh beginnen sollte. Es galt als Pflicht des Staates, sowohl für die körperliche wie die geistige Ertüchtigung der Jugend zu sorgen, damit in ihr Treue, Opferbereitschaft und Zucht herangebildet würden.

Mit 10 Jahren kam ich nun in die erste Stufe dieses Programmes, zum Jungvolk. Mit 14 Jahren stieg man dann in die eigentliche Hitler-Jugend (HJ) auf. Nach diesem Tag hatte ich mich, so lange ich denken kann, gesehnt.

Wenige Tage nach meinem 10. Geburtstag ließ mich meine Mutter registrieren. Wir bekamen eine Liste mit allen Uniformteilen, die wir einkaufen mußten. Einige Tage später stand ich dann mit einigen Dutzend anderer Jungen auf einem großen Platz. Einer der Führer im Jungvolk erklärte uns nun zu offiziellen Hitlerjungen.

Es hat keine Woche gedauert, bis ich zum ersten Mal den Konflikt merkte, der mir bevorstand, den Konflikt zwischen der Liebe zu Deutschland und zu Jesus Christus. Wir mußten auf einem großen Platz in Berlin-Neukölln mit Hunderten von Jungen und Mädchen antreten. Zivilisten waren nicht zugelassen. In langen Reihen standen wir Schulter an Schulter, den Blick nach vorn gerichtet; Fanfaren kündeten den Reichsjugendführer Baldur von Schirach an. Ich erinnere mich lebhaft an diesen Tag. Ich war den Tränen nahe. Wir wurden in kleinere Gruppen eingeteilt, um den Eid zu leisten. Ich hatte mit den anderen angefangen, die Worte nachzusprechen, als wir an den Satz kamen: »Ich gebe mein Blut und Leben dem Einen, der uns alle führt.« Ich hatte aber doch mein Leben schon einem vorher übergeben, Jesus Christus, und ich wußte mit meinen zehn Jahren genau, daß niemand auf Erden seinen Platz einnehmen durfte! Es gab für mich keinen anderen Herrn. Obwohl ich Angst hatte, ertappt zu werden, habe ich diesen Satz nicht mitgesprochen.

Ich war innerlich hin- und hergerissen, habe jedoch meinen Eltern nie davon erzählt. Gerade jetzt fing ich nämlich an, mehr und mehr zu glauben, was ich von meinen Jungvolkführern hörte: du kannst deinen Eltern nicht immer vertrauen. Manches mußt du eben für dich behalten.

5

Mit deutscher Pünktlichkeit sollten die anderen Schüler auf den Tag genau von der Hopfenernte zurückkehren. Jetzt wurde mir erst deutlich, was hier in der Kinderlandverschickung wirklich los war. Herr Grothe befahl uns, die Uniformen anzuziehen und draußen Aufstellung zu nehmen. Wir redeten und lachten, während wir auf die Rückkehr der anderen warteten. Plötzlich stürmte Herr Grothe aus dem Gebäude, mit zornrotem Gesicht und laut brüllend. »Ihr unnützes, undiszipliniertes Pack! Wer hat euch befohlen, hier herumzustehen wie ein Haufen kranker Juden? Ist das Dank für all die Freiheiten, die ich euch gelassen habe?«

Er schien den Tränen nahe zu sein und rang nach Luft, und ich bekam eine erste Ahnung von dem, was uns nun bevorstand. Die ruhigen Nächte im großen leeren Schlafsaal und die relativ leichten und entspannten Tage mit den Arbeiten um die Villa herum waren vorüber. Ich hatte dadurch Gelegenheit gehabt, mich umzusehen, mein bisheriges kurzes Leben bis zur jüngsten Gegenwart zu überdenken und mich auf die Zeit einzurichten, die vor mir lag: Ein deutscher Junge, weit weg von zu Hause.

Als wir zum Bahnhof marschierten, müssen wir für die Tschechen ein Bild zum Ergötzen abgegeben haben: Ein Dutzend Hitlerjungen in Uniform, angeführt von einem schnaufenden, grimmigen Zivilisten, der nur wenig vom Marschieren und von Kommandos verstand. Wir erreichten den alten Sandsteinbau des Bahnhofs genau in dem Augenblick, als der Zug einfuhr und 60 oder mehr braungebrannte gesunde Hopfenpflücker heraussprangen. Während Herr Grothe innerlich kochte, stürzten sie sich auf uns, begrüßten alte Freunde, hauten anderen auf die Schulter und brüllten laut durcheinander. Nur ein Junge hielt sich da heraus und stand abseits. Er trug volle Uniform, stand steif auf der Stelle, sah sich das alles an, um dann feierlich und in strammer Haltung auf Herrn Grothe zuzugehen und zu grüßen. Ich war bereits vor Kurt gewarnt worden. Obwohl er nicht viel älter war als wir, gehörte er zu den paar Tausend Jungen, die im ganzen Reich ausgewählt worden waren, um eine Elite zu bilden. Sie wirkten meistens in der äußeren Erscheinung besonders germanisch, wie vollkommene Abbilder der Nazi-Ideale. Sie sollten die neue Aristokratie, die zukünftige Führungsschicht des Dritten Reiches bilden. Zunächst waren sie in den Adolf-Hitler-Schulen. Als aber der Krieg immer mehr Kräfte forderte, wurden sie zu praktischen Aufgaben herangezogen. So war Kurt unser Fähnleinführer im Lager geworden.

»Achtung« – sein Kommando gellte über den ungeordneten Haufen. Sofort standen alle Uniformierten und Nicht-Uniformierten still. Und dann marschierten wir unter den grimmigen Blicken der Bevölkerung und Kurts Kommandos zurück zur Villa.

Kurt versuchte Gleichschritt zu halten. Als wir an dem Hotel gegenüber dem Bahnhof vorüberkamen, wo die älteren Schüler untergebracht waren, befahl er uns zu singen. Er selbst konnte nicht singen und war daher ganz auf uns angewiesen. Wir stimmten ein bekanntes Marschlied an, aber es ging gleich wieder in einer Woge von Gelächter unter. Kurt war wütend. »Ich werde euch Schweine schon kriegen«, brüllte er. Wir versuchten es noch ein zweites Mal, mit dem gleichen Erfolg. Kurt tobte und fluchte. Er fühlte sich blamiert und von uns versetzt, und das besonders, weil die Tschechen auf den Fußwegen sich kaum das Lachen verkneifen konnten.

Als nächster war Herr Grothe mit einem Zornausbruch dran. Er war vorausgegangen. Als wir ankamen, ließ Kurt vorschriftsmäßig halten und Haltung vor dem Lagerleiter annehmen. Eine ganze Zeitlang sagte Herr Grothe nichts. Seine Brust hob sich heftig. Er versuchte, Luft zu bekommen. Dann begann er langsam und mit schnarrender Stimme:

»Und wo, meine Herrschaften, ist Ihr Gepäck?« Er redete uns immer mit »meine Herrschaften« an, wenn er zornig war, was häufig der Fall war.

»Haben Ihre Herrschaften euch Sklaven angemietet, während ihr selbst zu ruhen gedenkt?«

Plötzlich war uns klar, daß die Rucksäcke am Bahnhof stehengeblieben waren. Wir hatten uns zu sehr auf den Lagerführer eingestellt. Und wir waren so aufgeregt an diesem Tag und so sehr zum Lachen aufgelegt, daß sich die ganze Spannung noch einmal in einem Gelächter entlud.

»Lacht nicht vor mir!« Herr Grothe bekam sein zornrotes Gesicht. »Ihr krankes Judenpack! Ihr sollt zahlen für eure Vergeßlichkeit.« Und so gingen seine Tiraden noch eine Weile weiter.

Es war ein unglücklicher, ja zum Fürchten veranlassender Beginn, denn das wurde zum täglichen Zeremoniell, die Einschüchterung, das Schreien, die Launen des Schulleiters, klein an Statur, und des lang aufgeschossenen Fähnleinführers.

Und etwas anderes hätte mich eigentlich noch warnen sollen. Als wir mit den Rückkehrern gemeinsam die Waschräume reinigten, hielt mich einer der Jungen zurück.

»Sag mal, bist du nicht Reinhold, der Pastorensohn aus Neukölln?« Es war Wolfgang, aus meiner Schule in Berlin. Er hatte sich immer einen besonderen Spaß daraus gemacht, mich als Pastorensohn zu hänseln.

»He Leute, hier ist Reinhold der Baptist. Er liebt das Wasser. Laßt uns den Baptisten taufen.« Er hatte das kaum gesagt, als er auch schon einen Eimer Wasser nach mir warf. Ein anderer und noch einer machten es nach. Aber ich nahm davon keine Notiz, es war der erste Eimer, der mich wirklich wie ein Schlag ins Gesicht traf. Warum mußte von allen Jungen ausgerechnet Wolfgang aus Berlin hier sein! Er war der Anführer, der lauteste der Bande gewesen, die sich dauernd über meinen Glauben lustig gemacht hatte. Im ersten Augenblick wünschte ich, ihn hätte in Berlin eine Bombe zerrissen. Aber es sollte noch schlimmer kommen, als ich befürchtete. Eine halbe Stunde später, als wir den Waschraum gesäubert hatten und in den Schlafraum zurückkamen, war es wiederum Wolfgang, der mich begrüßte.

»Jungs«, sagte er zu den anderen zehn Jungen im Raum, »dies ist Reinhold, unser gerade eben wiedergetaufter Zimmergenosse.«

Ich verlor allen Mut. In Berlin hätte ich nach der Schule einfach nach Hause gehen können, um so Wolfgang und seinesgleichen loszuwerden. Hier mußten wir zusammenleben, 24 Stunden am Tag. Das war einfach zuviel. Ich unterdrückte meine Tränen, zog meine nassen Sachen aus und warf mich auf mein Bett.

Mir kamen Zweifel an dem Krieg und an mir selbst. Mein sehnlichster Wunsch war es im Augenblick, bei Vater oder Mutter zu sein. Aber würde ich sie überhaupt je wiedersehen? Waren sie überhaupt noch am Leben? War mein großes Abenteuer schon an seinem unrühmlichen Ende?

Nachdem die Schüler nun wieder vollzählig vorhanden waren, bestand Herr Grothe auf preußischer Disziplin. Wir mußten mindestens eine halbe Stunde in Reih und Glied angetreten warten, bevor wir zum Essen abmarschierten. Unsere Uniformen hatten immer ordentlich zu sein und die Haare sorgfältig gekämmt.

Herr Grothe verlas wieder einmal die tägliche Ordnung. »Jeden Morgen wird die Flagge gehißt. Anwesenheit ist Pflicht. Wenn wir unterwegs sind, wird grundsätzlich marschiert. Beim Marschieren wird gesungen. Beim Essen wird nicht geredet. Unterricht ist immer vormittags. Schularbeiten sind jeden Nachmittag, vier Stunden lang. Sonnabendnachmittag ist frei.«

Den Sonntag erwähnte er nicht. Für gewöhnlich »überraschte« er uns mit Filmvorführungen, Ausflügen in die Botanik, Besuchen durch Parteimitglieder oder anderen, weniger »glorreichen« Unterhaltungsformen.

Kurzum, es war ein fast vollständig reglementiertes Leben, bestimmt, um Leib und Geist zu »stählen«. Herrn Grothes Autorität stand außer jedem Zweifel; und Kurt war sein ausführendes Organ, nicht selten fügte er noch ein paar Aufgaben von sich aus hinzu. Stets trugen sie stolz ihr Hakenkreuzabzeichen, und auch wir mußten ein HJ-Abzeichen tragen, ob in Uniform oder Zivil.

Nach ein paar Wochen merkte ich, daß ich immer hungrig war. Morgens gab es zwei kleine Scheiben Roggenbrot, mittags Suppe oder Kartoffeln mit Soße, und abends gab es wieder Brot. Das hätte eigentlich reichen sollen. Niemand erwartete im 5. Kriegsjahr einen reichgedeckten Tisch. Aber immer, wenn wir den Eßsaal verließen, beobachteten wir, daß die Lehrer in die Küche schlichen, um sich ihre Extrarationen abzuholen.

Eines Tages beschloß ich, über diese Ungerechtigkeit nach Hause zu schreiben. In unserem Zimmer waren nur noch zwei andere Schüler anwesend. So fühlte ich mich sicher, einen offenen Brief zu schreiben. Ich hatte vor, den Brief zum Postamt zu schmuggeln, weil Herr Grothe »aus nationalen Sicherheitsgründen« alle Briefe las. Nach ein paar einleitenden Sätzen schrieb ich: »Wenn ihr denkt, daß nur Ihr allein zu wenig zu essen habt, dann irrt Ihr Euch. Uns geht es genauso. Aber während unsere Rationen immer kleiner werden und die Qualität schlechter, werden die Portionen der Lehrer reichhaltiger und besser.«

»Sehr schön, Reinhold, daß du einen Brief schreibst.« Herr Grothe schaute mir urplötzlich über die Schulter. Ich schnellte herum und versuchte, den Brief mit meinem Arm zu verdecken.

Er redete mich mit dieser süßlichen Stimme an, die er oft bei mir gebrauchte. Ich empfand das immer als peinlich, und es entfremdete mich noch mehr von den anderen. »Aufstehen, ihr Faulpelze ... Aufstehen!« rief er, wenn er morgens zum Wecken kam. Und dann pflegte er sich besonders über mein Bett zu beugen. »Wie steht es mit dir, Reinhold? Es ist ein so schöner Morgen. Steh bitte auf!«

Ich wurde dann immer rot vor Verlegenheit und Zorn. Sobald er wieder draußen war, machten einige ihn nach. »Reinhold, mein Lieber, würde der Kleine wohl bitte aufstehen, aber nur wenn es nichts ausmacht!«

»Laß mich deinen Brief mal sehen«, bat er lächelnd. Er hatte keine Ahnung, was ich geschrieben hatte, als er nach dem Brief griff. Ich war entsetzt und starrte ihn an. Mit dem Mut der Verzweiflung sagte ich »Nein.«

Herr Grothe starrte mich ungläubig an. Seine Stirn bekam Falten. Ungläubig fragte er leise: »Nein?«, und noch einmal lauter: »Sagtest du nein?«

Er griff plötzlich nach dem Briefbogen und befahl: »Du gibst mir jetzt sofort den Brief!« Während er zufaßte, hielt ich an dem Papier fest. Ich war mir wohl bewußt, daß ich in große Schwierigkeiten geriet, ganz gleich, wer den Brief bekam. Der Bogen zerriß. Grinsend hielt er die eine Hälfte in seiner Hand. Aber sein Grinsen verschwand schnell, als er las.

Ich warf einen schnellen Blick auf die obere Hälfte, die ich in meiner Hand hielt. ». . . während unsere Rationen immer kleiner werden . . .« Er hatte den zweiten Teil und konnte sich wohl denken, was vorher geschrieben war. Als er es las, wurden seine Augen immer größer, und er mühte sich, seine Fassung zu bewahren.

»Du Schuft . . . wie kannst du es wagen . . . du bist . . .«

Jetzt war es vorbei mit seiner Fassung.

»Raus hier . . . raus, los, raus hier«, schrie er mich an und zeigte zur Tür. Seine ganze Haltung war eine einzige Drohung.

In der kalten Vorhalle befahl er mir, Schuhe und Socken auszuziehen. Ich stand da in strammer Achtunghaltung.

»Bleib hier, bis du umfällst«, gellte es mir in den Ohren. Eine Reihe von Flüchen schloß sich an. »Du wirst weder Essen noch Schlaf bekommen. Verlaß dich drauf! Ich werde es dir schon zeigen!«

Kopfschüttelnd stürzte er auf sein Zimmer zu. Ich hörte noch, wie er seiner Frau von diesem unmöglichen Pastorensohn erzählte.

Im ersten Moment fühlte ich nur Erleichterung darüber, daß er fort war. Obwohl ich wußte, daß ich eine lange Nacht vor mir hatte, dachte ich erst einmal, daß es auch hätte schlimmer kommen können. Was ich getan hatte, war sicher dumm, aber mir tat es dennoch nicht leid. Ich war sogar stolz darauf, es ihm und den andern Lehrern gezeigt zu haben, daß wir Bescheid wußten. Jetzt wußten sie wenigstens, daß wir es wußten.

Auf dem Weg zum Essen mußten alle Klassenkameraden an mir

vorbei. Sie lachten nicht, aber sie zeigten, wenigstens nicht öffentlich, auch kein Mitgefühl. Ich fühlte mich auf einmal eigenartig mit ihnen verbunden. Ich war nicht länger Herrn Grothes »lieber Reinhold«. Jetzt war ich Opfer seines Zorns und damit einer von ihnen. Und ich spürte im Augenblick auch die Kälte nicht, als ich so barfuß dastand. Frau Grothe zog ihren Mantel fester um ihre Schultern, als sie mit einem verächtlichen Blick an mir vorbeiging. Ich stand da mit verkrampftem Rücken und atmete nicht.

»Dieser unverschämte Lümmel! Dieses Ungeheuer, ich werde es schon zähmen. Dieser schnippische Pastorensohn«, konnte ich Herrn Grothe zu seiner Frau sagen hören.

Als sie alle zum Essen waren, lief ich schnell ins Zimmer, zog mir ein wärmeres Hemd an und rieb meine kalten Füße, bis das Blut wieder in Bewegung kam. In einem plötzlichen Impuls nahm ich den letzten Brief meines Vaters und steckte ihn mir unters Hemd. Draußen in der Halle stellte ich mich in die Nähe des Fensters, damit ich die Rückkehr der anderen rechtzeitig sehen konnte.

Es war Anfang November. Die kalten Winde hatten die Bäume von den letzten Blättern befreit. Einige Schneeflocken hatten versucht, wenn auch ohne Erfolg, den Rasen zu bedecken. Das große leere Haus gab mir bald ein Gefühl der Verlassenheit. Ich las noch einmal Vaters Brief. Mich verlangte nach der Wärme und Freundlichkeit, die die Briefe mir immer vermittelten.

Meines Vaters Briefe enthielten viele Bibelzitate. Jetzt suchte ich nach Trost durch die Worte meines Vaters und von Gott. »Sorge dich nicht um den morgigen Tag.« »Bleib standhaft.« »Sage Gott Dank für alles.« »Ich werde dich nicht verlassen noch versäumen.«

Ich war ganz in Gedanken, als unten die Tür aufgerissen wurde und die Jungen vom Essen zurückkamen und nach oben stürzten. Schnell nahm ich wieder Haltung an, gerade noch rechtzeitig, bevor Herr Grothe erschien. Er schnaufte die Treppe herauf und zeigte mit dem Finger auf mich.

»So, hast du genug Zeit gehabt, über deine Sünden nachzudenken? Du solltest ja wissen, was Sünde ist.«

Ich hatte nichts darauf zu antworten, und so blieb ich still.

»Du bist dir wohl zu gut, um mit mir zu reden, was? Ich werde dich schon lehren! Du sollst deine Lektion haben, die du nicht vergessen wirst«, und damit drehte er mir den Rücken zu und verschwand.

Stunden später kam er auf einer seiner Inspektionsrunden vorbei, sagte aber kein Wort. Inzwischen war das dickere Hemd auch keine

Hilfe mehr. Die Kälte drang immer mehr durch, und meine Füße waren auf dem eisigen Zementboden schon fast gefühllos. Als er wieder zurückkam, blieb er kurz stehen.

»Ich hoffe, du frierst zu Tode. Tote brauchen keine Verpflegung.«

Sein eisiger Haß ließ mich nur noch mehr erschrecken. Ich wußte, daß die lange kalte Nacht noch nicht der Höhepunkt sein würde. Im Augenblick konnte ich mich nur an meinen Erinnerungen festklammern. Das half mir ein wenig über die beißende Kälte hinweg. Ich erinnerte mich an den kalten Winter in Ostpreußen. Im Rahmen der Evakuierungsprogramme für die gefährdeten Städte waren wir noch einmal dort gewesen. Es war eine seltsame, fast unwirkliche Oase des Friedens mitten im Krieg. Im tief verschneiten Land, mit den kleinen und großen Aufgaben zur Erhaltung der eigenen Existenz, blieb uns wenig Zeit und Gelegenheit, über die großen Ereignisse des Weltgeschehens nachzudenken. Das war so weit weg.

Ich erinnerte mich an die Schneeräumungsarbeiten in Berlin. Die Partei hatte inzwischen die Kontrolle über jeden Häuserblock gewonnen. Ein Parteimitglied, der Blockwart, versorgte nicht nur seine Leute mit Bezugsscheinen, sondern achtete sorgsam auch auf alle Aktivitäten im Block. Er war der einzige in der Nachbarschaft, der immer mit »Heil Hitler« grüßte. Eines Tages läutete er bei uns und befahl uns, mit den anderen Nachbarn Schnee zu räumen. »Volksgenossen«, so begrüßte er die versammelten Frauen und Kinder. »Ich bin stolz, daß Sie alle aus eigenem Antrieb zu dieser Aufgabe gekommen sind. Ihre Männer und Väter hätten das sonst getan, aber sie verteidigen unser glorreiches Vaterland. Wir sind ein Volk. Unser Führer ist stolz auf uns!«

Ich fragte mich, ob alle Blockwarte solche aufgeblähten Narren waren.

Um 2.30 Uhr, mitten in der Nacht, steckte Herr Grothe seinen Kopf zur Tür heraus. In der Halle war es dunkel. Ich hörte ihn fluchen.

»Bist du noch da?«

»Hier bin ich.« –

»Oh, so, da bist du noch«, murmelte er. Er hatte getrunken, und schon nach wenigen Gläsern fing er gewöhnlich an zu fluchen. Alkohol war ihm in seiner Position strikt verboten. Er kam zu mir und legte seine Hand auf meine Schulter. Als er sich aber der Situation bewußt wurde, zog er schnell die Hand zurück und versuchte Haltung anzunehmen.

»Du dummer Kerl! Wie konntest du so etwas schreiben. Weißt du nicht, daß wir alle hungern?« Seine Stimme hob sich. »Wir sind ein Volk, ein Reich. Wir müssen zusammenhalten. Denk daran, auch der Führer hat nicht genug zu essen!«

Ihm kamen fast die Tränen.

»Ich hasse diesen Ort. Ich hasse dieses Lager. Ich hasse es, von den Tschechen gehaßt zu werden. Ich hasse euch alle!«

Er hatte angefangen wie dieser Blockwart in Berlin, aber er hörte auf wie ein heimwehkrankes Kind. Ich empfand kein Mitleid mit ihm. Durch einen Spalt hatte ich hinter der polierten Fassade angeblicher rassischer Überlegenheit die Schwäche dieses Mannes entdeckt. Als Kind hat man ein gesundes Empfinden für Heuchelei. In diesen Augenblicken verlor ich ganz den Respekt vor Herrn Grothe, wenn ich überhaupt noch einen hatte.

»Mach, daß du ins Bett kommst, unnütze Pastorenbrut!«

Er hätte das nicht zweimal brüllen müssen. Ich lief, so schnell ich konnte, in die Wärme des Schlafraumes und verkroch mich in mein Bett.

Das Ganze hatte noch ein eigenartiges Nachspiel, als mich die anderen am nächsten Morgen umringten, um zu erfahren, wie es war. Wolfgang, der mich zu quälen suchte, wo es ging, und der der Unsympathischste wenn nicht Feindseligste im ganzen Zimmer war, reichte mir ein Stück Schokolade. Das war damals ein unvorstellbarer Schatz. Es war sein Zeichen einer neuen Freundschaft. Das war wie »ein Volk, ein Reich«, dachte ich. Die Kraft, die ich vorher aus meinem Glauben und aus dem Brief meines Vaters empfangen hatte, stand jetzt nicht mehr im Vordergrund meines Bewußtseins. Ich griff begierig nach diesem sehr realen Zeichen der Gemeinschaft in diesem Kreis und dachte, »unsere Führer haben wohl doch recht, wir sind ein Zimmer, eine Kameradschaft, ein Lager, ein deutsches Volk.«

6

Im Dezember 1944 brachten deutsche Soldaten in Belgien die Alliierten ziemlich in Verwirrung. Sie trugen erbeutete amerikanische Uniformen, zerstörten Nachrichtenverbindungen, drehten Straßenschilder in die verkehrte Richtung, benutzten amerikanische Jeeps und setzten Warnzeichen für Minenfelder, die gar nicht existierten. Die Deutschen stellten 20 Divisionen gegen 4 amerikanische und warfen sie in der berühmten »Schlacht in den Ardennen« zurück.

Das war Hitlers letzte große Offensive. Sie war klug geplant, und auch das schlechte Wetter begünstigte sie. Jeder verfügbare Mann, Panzer und alle Munition mußten heran, um die zerbrechende Front zu stützen. Aber es reichte nicht. Weihnachten hatten die Alliierten genügend Reserven herangeschafft und waren beim Marsch auf die deutschen Grenzen.

Wir wußten natürlich, daß die Alliierten im Sommer in der Normandie gelandet waren und wir in schwere Kämpfe in Frankreich verwickelt waren. Solche Informationen konnte kein Propagandasystem vor den Leuten verborgen halten.

Wir wußten, fernab in der Tschechoslowakei, jedoch wenig über die tatsächliche Lage, sondern hörten immer nur, daß »das Vaterland zum entscheidenden Endsieg ausholte«. Deswegen durften wir Weihnachten auch nicht nach Hause.

Kurt ließ uns vor der Villa antreten und verlas uns die Botschaft aus Berlin.

»Deutsche Jungen. Ich bin stolz auf euren Glauben an Deutschland. Nötiger als je brauchen wir die Zusammenarbeit der Heimat- und der Kriegsfront. Die Worte des Reichsmarschall Hermann Göring ›Kanonen statt Butter‹ haben einen festen Platz in euren Herzen. Auf alle Lokomotiven ist der Spruch gemalt: ›Räder müssen rollen für den Sieg‹. Deshalb könnt ihr nicht nach Hause fahren, sondern müßt bleiben, wo ihr seid. Ihr werdet dieses Opfer bringen, weil jedes Rad gebraucht wird, um Soldaten und Waffen für den Endsieg zu transportieren.

Vor kurzem noch rollten diese Räder, um eine glückliche Jugend mit ›Kraft durch Freude‹ von der Arbeitsfront an ihre Ferienziele zu bringen. Jeder von uns muß jetzt auf Ferien verzichten und persönliche Wünsche zurückstellen, damit der Endsieg möglich wird.

Ich ordne deshalb an, daß keine Rückreisen möglich sind. Ich wünsche allen eine gute Weihnachtszeit. Wie unsere germanischen Vorfahren vor vielen tausend Jahren wollen wir die Sonnenwende feiern, wenn die Tage wieder länger und die Nächte kürzer werden.«

Das war ein harter Schlag, obwohl ich damals noch nicht erkannte, wie überaus wichtig es für mich gewesen wäre, wieder einmal bei meinen Eltern zu sein, zum Gottesdienst zu gehen, Weihnachten als Geburtstag Christi zu feiern, zu singen und zu beten und sich miteinander zu freuen. Mein Christsein war langsam unter den bedrückenden Umständen im Lager lau geworden. Ich las nicht mehr in der Bibel und betete auch nicht mehr jeden Tag. In unserer Familie waren wir immer sehr eng untereinander verbunden, und ich empfand schmerzhaft das Fehlen der Wärme christlicher Liebe, die unser Haus durchdrungen hatte. Aber weil wir nun alles für den Führer und das Vaterland taten, empfand ich selbst das nicht als Opfer.

Wir dachten schon an Ostern und hofften für dann auf richtige Ferien. Aber zu Ostern gab es kein Wort des Führers, nur eines von Herrn Grothe. Er brummte nur kurz irgendetwas wie: »Es tut mir leid, aber der Führer braucht alle Räder für den Endsieg. Ich werde aber dafür sorgen, daß Ostern ein sinnvoller Tag wird«, fügte er noch hinzu. Wir kannten diese sinnvollen Tage schon. Manche hatten uns zu Tode gelangweilt.

Um Ostern herum war ich recht deprimiert. Das einsetzende Regenwetter tat das Seine dazu. In Gedanken war ich bei den Osterfeiern in der Gemeinde. Mein Vater machte das immer zu einer besonders frohen Zeit. Ich fragte mich, wer wohl noch im Gottesdienst sein würde. Vielleicht ein paar ältere Leute?

»Ob sie uns wohl zur Kirche gehen lassen?« fragte ich die Jungen beim Frühstück. Sie schauten mich an, als sei ich verrückt geworden. Tschechische Gruppen hatten die Straßen unsicher gemacht, und sie ermordeten sogar Hitlerjungen, wenn sie sie alleine antrafen.

Auf dem Weg vom Essen zurück zur Villa trafen wir Tschechen in ihrer Oster-Festkleidung. Ich hatte ihnen immer die Verachtung und den Haß in ihren Gesichtern verübelt. An dem Morgen aber verstand ich sie. Wir zerstörten die stille Schönheit dieses Ostermorgens, als wir laut singend durch die Straßen marschierten. Bei diesen typisch deutschen Marschliedern begann sich ein Gefühl der Rebellion in mir einzunisten.

Bevor wir vor der Villa wegtreten konnten, bremste Herrn Grothes Trillerpfeife unsere Unterhaltung. »Herhören, Herrschaften!« Er machte eine Pause, um seinen Worten mehr Gewicht zu verleihen.

»Heute ist Ostern, wie ihr wißt. Um dieses Fest zu verschönern, hat unser Führer« – bei diesen Worten streckte er sich zur vollen Größe – »hat unser Führer uns mit einem speziellen Film erfreut, ›Hitlerjunge Quex‹!«

Wir stöhnten vernehmlich. Es war ein alter Film über einen Jungen, der sein Leben Hitler ganz zur Verfügung stellte, aber von Kommunisten ermordet wurde. Wir hatten den Film alle schon mehrmals gesehen.

Herr Grothe war aber noch nicht fertig.

»Kurt, euer Fähnleinführer, wird noch über kirchliche Jugendorganisationen und deren Heime berichten und warum Hitler sie verboten hat. Dann werden wir noch ein Eintopfessen haben, zur Ehre unserer heldenhaften Soldaten, die seit Jahren mit Eintopfessen zufrieden sein müssen.«

Das war zum Lachen. Uns ging es seit langem genauso. Mir war aber gar nicht zum Lachen zumute. Ich hatte einfach Wut, und die innere Rebellion wurde kräftiger in mir.

Sobald Kurt uns entlassen hatte, stürzte ich in den Lehrsaal und stellte die Stühle auf die Tische.

»Was in aller Welt machst du da, Reini?«

Richard und Jürgen dachten, ich sei nun endlich völlig übergeschnappt, und auch ich war nicht ganz sicher, ob ich es nicht wirklich war.

»Kommt her, helft mir mal«, rief ich, ohne aufzuhören.

»Erst, wenn du uns sagst, was das alles soll.«

»Wenn das heute Ostern ist, werden wir hier einen Gottesdienst feiern!«

»Nein, bloß nicht, wir gehen nicht zur Kirche.« Und damit hörten beide auf, mir zu helfen. Inzwischen war ich schon schwer in Fahrt.

»Los, das wird eine tolle Sache, ihr werdet schon sehen«, bedrängte ich sie.

Ich merkte gar nicht, daß die anderen Jungen schon da waren. Mittlerweile waren es ungefähr 50 und alle saßen auf den Stühlen oben auf den Tischen. Die letzten hatten gar nicht mehr mitbekommen, was hier vor sich ging. Sie wußten nicht, daß das ein Gottesdienst werden sollte, aber sie machten bei dem Spaß mit.

»Achtung!«

Herr Grothe hatte den Raum betreten, und einer hatte instinktiv das Kommando gegeben. Normalerweise hätten wir alle sofort Haltung angenommen, aber aus irgendeinem unerfindlichen Grund blieben wir alle sitzen. Wir weigerten uns, wir streikten. Entweder hatten sie alle das gleiche Gefühl des Widerstandes, oder sie folgten eben jedem, der die Führung an sich riß. Was immer es war, Herr Grothe musterte uns alle mit eisigem, ungläubigem Blick.

»So, meine Herrschaften, ihr habt eure eigenen Pläne für heute. Soll das ein Witz sein oder ein Streik?«

Ich ahnte, daß ich die ganze Gruppe in eine schlimme Lage gebracht hatte. Das war ein Aufstand, und wir mußten dafür zahlen.

»Runter mit euch!« donnerte Herr Grothe. Aber keiner rührte sich vom Fleck. Wir hatten nie gehört, daß ein Hitlerjunge jemals einen Befehl verweigert hatte. Hier war es sogar eine ganze Gruppe, und das noch in voller Uniform.

Herr Grothe bebte vor Zorn, und mit bleichem Gesicht versuchte er es anders herum.

»Werner, komm her.«

Werner war der Klassensprecher, er sprang vom Tisch und nahm vor dem Direktor Haltung an.

»Was geht hier vor, Werner?«

»Nichts!«

»Nichts, hast du das gehört, Kurt? Das ganze Lager sitzt auf den Tischen, und er sagt: nichts!«

Ohne Vorwarnung ohrfeigte Herr Grothe Werner viermal. Er hatte an seiner Hand wegen einer Verwundung eine Stahlmanschette und -schiene. Damit schlug er auf Werner ein.

An diesem Punkt verwandelte sich die Szene zu einem gespenstigen Vorgang. Kurt stürzte vor und riß Jungen und Stühle von den Tischen. Wir kletterten von den Tischen und traten in Marschordnung an. Herr Grothe befahl Kurt, »diese streikenden Kommunisten nach draußen zu nehmen und ihnen Benehmen beizubringen«. Kurt ließ uns durch den dicksten Matsch marschieren, und das in unseren besten Sonntagsuniformen. Anschließend mußten wir durch den Matsch robben und uns auf den Rücken legen. Er tobte und brüllte und hörte nicht eher auf, bis wir alle über und über mit Dreck beschmiert waren.

Stundenlang mußten wir unsere Kleidung säubern. Und dann hieß es, wieder zurück in den Lehrsaal, um den Film zu sehen.

Unser einziger Trost war, daß durch die ganze Angelegenheit Kurt nicht mehr zu seinem politischen Vortrag kam. Obwohl es uns gelungen war, uns wenigstens diesen Programmpunkt zu ersparen, fühlte ich nichts von einem Sieg oder Triumph. Meine einzige Befriedigung war, daß wir die Strafe und die Torturen von Herrn Grothe und Kurt ohne Wimperzucken überstanden hatten. Wir waren standhaft geblieben. Der Führer hatte doch gesagt, wir sollten »zäh wie Leder, hart wie Kruppstahl und flink wie die Windhunde« sein.

Vielleicht war ein Kirchgang zu Ostern gar nicht entscheidend. Unsere Führer hatten uns etwas über das neue Leben in der Natur erzählt. Gut, wir waren eben das neue deutsche, junge Leben. Die Welt sollte wissen, daß wir bereit waren, Verantwortung zu übernehmen. Wir hatten es bewiesen.

Ich hatte die peinliche Situation am Morgen inzwischen ganz vergessen, als die Tschechen uns auf der Straße grimmig verspotteten. Als wir nach dem Mittagessen wieder zur Villa zurückkehrten, sang ich aus vollem Herzen mit:

Es zittern die morschen Knochen
der Welt vor dem großen Krieg.
Wir haben den Schrecken gebrochen –
für uns war's ein großer Sieg.
Wir werden weitermarschieren,
wenn alles in Scherben fällt,
denn heute gehört uns Deutschland
und morgen die ganze Welt.

7

Dieses ungewöhnliche Ostern war ein weiterer Beweis dafür, daß in unserem Lager kein Platz für Gott war, kein Platz, um die Bibel zu lesen oder zu beten. Und obwohl ich mich sehr darum bemühte, konnte ich meine Kameraden doch nicht vergessen machen, daß ich ein Pastorensohn war.

Immer wenn ich Post von meinem Vater erhielt, wollten sie wissen, wieviele Bibelstellen er denn diesmal zitiert hätte. Einmal hatte ich nämlich den Fehler begangen, seinen Brief auf meinem Bett liegen zu lassen. Als ich wieder ins Zimmer gekommen war, haben sie laufend daraus zitiert. Was ich auch tat oder unterließ, immer haben sie daran gedacht, daß ich Pastorensohn war.

Ich weiß nicht, woher die Idee stammte, aber eines Nachmittags hatten sie beschlossen, mir die »Heilige Kommunion« zu verabreichen. Sie griffen mich und legten mich lang auf den Tisch in unserem Zimmer. Einer stand an der Tür Wache, damit sie niemand überraschen konnte. Ein anderer hatte eine Weinflasche mit Wasser und wieder ein anderer ein paar Stücke Brot. Daß sie mich bei dieser gewaltsamen Verabreichung des Abendmahls beinahe erstickten, machte ihnen um so mehr Spaß.

Bald danach suchten sie nach einer neuen Sensation.

»Laßt uns ihn zum offiziellen Lagergeistlichen weihen.«

»Nein, wir packen ihn in eine Krippe und füttern ihn mit Milch, wie das Jesusbaby.«

»Wir werden ihn kreuzigen!« Das war von Wolfgang. »Kreuzige, kreuzige ihn!« schallte es gleich von allen Seiten.

Ich hatte dieses entwürdigende Spiel ohne ein Wort ertragen. Vielleicht würden sie mich, wenn ich das alles standhaft ertrug, dann in ihre Gemeinschaft aufnehmen. Aber Kreuzigung, was würde das geben? Wolfgangs wilder Blick ließ mich erschrecken. Ich hatte das Gefühl, er könnte mir wirklich etwas antun, und dabei kam mir der Gedanke, daß er sich für die Rebellion zu Ostern rächen wollte.

Sie zogen mir das Hemd aus. »Jesus hat auch keine Hosen angehabt«, meinte Richard. Er machte sich zum Kenner in Fragen der Bibel. »Richtig, dann mal runter mit den Hosen.«

»Hat jemand etwas Leinenes?«

»Ach, die Unterhosen tun es auch. Wurde Jesus nicht ans Kreuz genagelt?«

Mir stockte der Atem. Die waren verrückt genug, um auch das zu versuchen.

Aber die Parole der Regierung »Kanonen statt Butter« war nicht nur der Grund dafür, daß wir keine Butter hatten, sondern daß auch alles Eisen eingesammelt worden war, einschließlich der Nägel. So mußte ein Strick herhalten.

»Was haben sie noch mit Jesus gemacht?« fragten sie Richard, der seine neue Rolle und sein Ansehen sichtlich genoß. Er war offensichtlich Ministrant gewesen. Ich schaute Richard an und merkte, wie er zögerte:

»Sie sp . . .«, er hielt an.

»Was machten sie?«

»Sie . . . hm . . . sie schlugen ihn ins Gesicht!«

Das war alles, was die Bande noch brauchte. Sie banden mich an mein Bett, die Arme und Beine weit auseinandergespreizt, und jeder schlug mich. Es tat weh, aber zur gleichen Zeit dachte ich auch über das kleine Zeichen von Freundschaft bei Richard nach. Er hatte sagen wollen, daß der Mob Jesus anspuckte, und hatte es dann geändert. Ich war ihm dankbar und versuchte, ihm das mit meinem Blick zu sagen. Er aber wandte sich ab.

Kurts Trillerpfeife rief plötzlich zum Abendessen. In Sekundenschnelle waren alle zur Tür hinaus und ließen mich allein angebunden am Bett zurück. Ich weiß nicht, was Herrn Grothe veranlaßte, ins Zimmer zu schauen. Aber plötzlich stand er da und lachte, erst leise und dann immer lauter, bis er sich vor Lachen bog.

Ich versuchte, mich selbst zu betrachten, so wie Herr Grothe mich jetzt sah, beschämt, halb nackt, Objekt eines schlechten Scherzes. Schnell versuchte ich, eine Hand loszubekommen, um mich wenigstens etwas zu bedecken. Wenn ich auch nur die leiseste Hoffnung auf Verständnis von seiner Seite gehabt hatte, so wurde ich schnell eines Besseren belehrt. Um meine Erniedrigung noch zu steigern, befahl er mir, zu Hause zu bleiben und nicht zum Essen zu gehen.

»Es ist sowieso zu spät. Die anderen sind schon weg.« Er schaute noch einmal zurück. Offensichtlich ergötzte er sich an meinem Anblick. Dann aber schlug er die Tür vernehmlich zu.

Zuerst war ich zornig, dann überfielen mich nacheinander Hilflosigkeit und Selbstmitleid. Ich versuchte die Knoten, die mich festhielten, loszumachen. Aber trotz aller Mühe hielten sie. Darf ein deutscher Junge wirklich niemals weinen? Zorn und andere Empfindungen kamen in mir hoch. Durfte ich alle diese Empfindungen nicht haben? Hatte nicht auch Jesus geweint? Hatte er eigentlich bei der Kreuzigung geweint? Und waren es Tränen des Schmerzes oder der Trauer gewesen? Gleichzeitig wurde mir seltsamerweise klar, daß Jesus sich nicht benommen hatte, wie das heute von einem deutschen Jungen erwartet wurde.

Schließlich konnte ich mich doch von meinen Fesseln befreien. Bei den Gedanken, die ich über Jesu Kreuzigung hatte, geschah es dann fast von selbst, daß ich an meinem Bett niederkniete und mein Gesicht in meinen Händen vergrub. Es war lange her, seit ich das getan hatte. Es war lange her, seit ich meinen Kopf, aber vor allem auch mein Herz, so gebeugt hatte und richtig mit Gott redete. Meistens waren es nur Stoßgebete gewesen.

Ich wußte, daß Jesus gelitten hatte und gestorben war. Ich glaubte das fest, wenn ich es auch nicht voll erfassen konnte. Jetzt aber war das anders. Ich hatte ohne eigene Schuld gelitten und war der Lächerlichkeit preisgegeben gewesen.

Und plötzlich wurde mir deutlich: Er hatte wirklich gelitten. Er hatte ein Leben der Vollkommenheit geführt, und sie hatten ihn angespuckt und wirklich ans Kreuz genagelt. Ich hatte als Christ versagt. Selbst die äußere Form hatte ich verleugnet. Ich hatte aufgehört zu beten und in der Bibel zu lesen und nach christlichen Grundsätzen zu leben. So schüttete ich seit langem wieder einmal mein Herz vor Gott aus.

»Herr Jesus, meine Kameraden denken, ich sei ein Heiliger, weil ich an dich glaube, dich liebe und dir vertraue. Aber du kennst mein Herz. Du weißt, wie ich dich aus meinem Leben verdrängt habe, wie ich deine Worte an die Seite geschoben habe und nicht auf deine Stimme hören wollte. Wie dumm ist es, für einen Glauben verfolgt zu werden, den man gar nicht mehr besitzt. Mir tut das leid, Herr. Du weißt, wie ich wirklich bin. Ich bin nicht besser als irgendeiner der Jungen hier im Lager. Aber Herr, laß meinen Glauben wieder wachsen. Laß ihn stark werden. Wenn ich leiden soll, dann muß es wenigstens einen Grund dafür geben, weil ich dich liebe und deinen Willen tue.«

Mir tat es wohl, wieder richtig zu beten. Von diesem Abend an kniete ich mich wieder jeden Abend am Bett nieder, trotz der Beleidigungen und der Schuhe, die nach mir geworfen wurden. Wenn sie mich ärgern wollten, dann sollten sie auch einen Grund haben.

»Herr, laß meine neu gewonnene Kraft ausdauernder sein als ihre Anfeindungen.«

8

In dem Maße, wie die Alliierten Europa besetzten und mehr und mehr deutsche Männer an der Front benötigt wurden, wurden die tschechischen Partisanen dreister. Einige Jungen unserer Schule verschwanden einfach. Eine Reihe fand man ermordet und verstümmelt eine Zeitlang später im naheliegenden Wald vergraben. Die Erwachsenen riefen uns Flüche nach, und die Kinder streckten uns die Zungen heraus, wenn wir zum Volkshaus marschierten.

Am schlimmsten waren für uns die nächtlichen Wachen. Wir bildeten eine Postenkette um die Villa herum; und in völliger Dunkelheit und absolutem Schweigen waren unsere Augen und Ohren hellwach ins Dunkel gebannt. Außer unseren Fahrtenmessern besaßen wir keine Waffen. Uns war klar, daß sie gegenüber dem kleinsten Gewehr bedeutungslos waren.

Jeder versuchte, seine Angst so gut es ging zu verbergen. Wenn wir uns aber zu Gesicht bekamen, waren die Gesichter der anderen Spiegelbilder unserer eigenen Ohnmacht.

In diesen Augenblicken kam mir in Erinnerung, wie sehr ich seinerzeit darauf gewartet hatte, zu den Pimpfen zu gehören, und wie ich noch mehr darauf wartete, mit 14 Jahren zur richtigen Hitler-Jugend zu gehören. Ich ging mit Freuden zum Dienst, hatte alle sportlichen Wettbewerbe mitgemacht, Kartenkunde betrieben und mein militärisches Wissen erweitert. Ich hatte die Biographien Hitlers und der anderen großen Männer genau gelesen und mich gefragt, ob ich jemals solche Höhen in meinem Leben erreichen würde.

Geschichte war eines meiner Lieblingsfächer. Der »Schandvertrag« von Versailles war mir immer ein Dorn im Auge, durch den Deutschland rechtmäßig ihm gehörendes Territorium verloren hatte. Als dann zu Beginn des Krieges das korrigiert wurde, erfüllte es mich mit Stolz. »Deutschland, Deutschland über alles« war mein Lieblingslied, weil es am besten meine Überzeugung von der Überlegenheit Deutschlands zum Ausdruck brachte.

Aber da waren die Dienste am Sonntag gewesen. Dem Führer lag daran, daß wir möglichst keine Gelegenheit hatten, dem Juden Jesus zu dienen. Mein Vater aber bestand darauf, daß ich sonntags in der Gemeinde beim Gottesdienst war. Nicht, daß ich etwas gegen den Gottesdienst hatte, ganz im Gegenteil. Aber ich hatte den Eindruck, daß meine Verpflichtung, besonders jetzt im Krieg, dem Vaterland gehörte. Wenn ich sonntags zum Gottesdienst ging, bedeutete das, kein Marschieren und Üben mit den anderen Kameraden.

Natürlich war mir klar, daß auch mein Vater Deutschland liebte. Er war gebürtiger Ostpreuße, das als deutsche Enklave von Polen und Rußland umgeben war. Vielleicht war es gerade die Nähe zu anderen Staaten, die ihn zu einem überzeugten Patrioten werden ließ. Er war Angehöriger der Armee, aber weil sein Herz ganz Gott gehörte, hatte er es immer geschafft, am Wochenende zu Hause zu sein und der Gemeinde als Pastor zu dienen.

Als mein Vater meinem Bruder Siegfried und mir untersagte, mehr als an einem Sonntag im Monat in der Kirche zu fehlen, wußten wir, daß das Schwierigkeiten geben würde. Zweimal bekam ich ein Schreiben an meine Eltern mit wegen meines unregelmäßigen Erscheinens zum Dienst. »Gebt dem Kaiser, was des Kaisers ist, und Gott, was Gottes ist. Der Sonntag gehört Gott, und deshalb seid ihr in Seinem Haus«, erklärte mein Vater sehr bestimmt. Mein Vater ließ da nicht mit sich reden.

Eines Abends kamen mein Jungzugführer und ein Stammführer zu uns. Das machte einen mächtigen Eindruck auf mich. Ein Stammführer hatte immerhin das Kommando über ungefähr 600 Jugendliche.

Natürlich war das kein Freundschaftsbesuch. Sie wollten wegen der Sonntagsdienste Druck auf meinen Vater ausüben. Aufgeregt wartete ich auf den kommenden Krach.

»Sonntags gehen meine Jungs zum Gottesdienst«, erklärte mein Vater ihnen freundlich, aber bestimmt.

»Es genügt doch, wenn sie den Abendgottesdienst besuchen«, konterten die beiden Führer prompt.

»Sie gehen morgens *und* abends!« entgegnete mein Vater.

»Zweimal?« Der Jugendführer verzog sein Gesicht.

»Zweimal!«

Auf der einen Seite saß der große, uniformierte Hauptfeldwebel mit seinen Ehrenzeichen, auf der anderen Seite die Jugendführer, die noch so jung waren, daß sie seine Söhne hätten sein können. Die Diskussion wurde lauter und heftiger.

»Wir wollen es jetzt noch einmal bewenden lassen«, erklärte der Stammführer schließlich. »Wir werden jetzt gehen, aber Sie hören noch von uns.«

Sie schlugen die Hacken zusammen, grüßten militärisch knapp »Heil Hitler« mit zum Gruß erhobenem Arm und verließen uns ohne ein weiteres Wort. Ich sah sie fortgehen. Mir fehlten die Worte, aber mein Vater hatte in seiner Standfestigkeit großen Eindruck auf mich gemacht. Andererseits wollte ich aber trotzdem zu den Treffen gehen; so spielte ich eine letzte Karte aus.

»Was ist daran eigentlich so schlecht, wenn ich zu den Jugendfilmveranstaltungen gehe?« fragte ich provozierend.

»Gar nichts«, antwortete mein Vater, »aber warum müssen sie am Sonntag stattfinden? Die Partei will euch nur von der Gemeinde entfremden.« Seine Antwort war sachlich. Er wußte ja nicht, welchen Trumpf ich noch in der Tasche hatte.

»Ist es besser, sonntags zu Hause zu bleiben und BBC zu hören?«

Mein Bruder hielt die Luft an, und mein Vater fuhr jäh herum.

»Ich hasse es, wenn ich nach Hause komme, und ihr hört diesen Feindsender!« rief ich und war den Tränen nahe.

Mein Vater war sich der gefährlichen Lage bewußt. Die deutschsprachigen Sendungen von BBC London zu hören, war streng verboten. Darauf stand Gefängnisstrafe. In der Schule wurden wir angehalten, auf unsere Eltern aufzupassen und sie zu melden. Sie wurden in solchen Fällen »eingeladen«, an besonderen Schulungsabenden teilzunehmen.

Mein Vater nahm mich auf seinen Schoß. Keine harten Worte, keine Drohung. »Weißt du, mein Junge, ich hab dich sehr lieb und will nur dein Bestes.« Als ich noch schwach protestierte, fügte er hinzu: »Eines Tages wirst du noch dankbar sein, daß ich Gott an die erste Stelle gesetzt habe und nicht den Führer.«

Ich merkte, er ging nicht auf meinen Vorwurf ein. Aber es tat mir gut, seinen starken Arm um mich zu spüren und seine Liebe zu empfinden. »Ich habe dich auch lieb, Papa«, sagte ich mit dankbarem Blick. –

Das schien alles so weit zurückzuliegen und Berlin so weit entfernt. Obwohl ich ein guter deutscher Junge sein wollte, hätte ich gern den sonntäglichen politischen Unterricht mit einem Platz im Gottesdienst getauscht.

Eines Tages ließ Kurt uns antreten. Wir exerzierten wie üblich, bis jeder Schritt und jede Wendung saßen. Ohne weitere Erklärung marschierten wir zum Bahnhof. Es ging zu einem Wochenendeinsatz.

Uns machte das nichts aus. Hauptsache, wir waren einmal aus der Villa Fragner raus und weg von Herrn Grothes Brüllen. Nach 1 1/2 Stunden hielt der Zug, und wir schlossen uns anderen uniformierten Hitler-Jungen sowie einem Konvoi von Militärfahrzeugen an. Das Ziel war ein großer Platz.

Als wir dort in Reih und Glied antraten, tauchte eine große Gruppe hoher Militärs sowie ein Hauptsturmbannführer der Hitler-Jugend auf. Dieser Hauptsturmbannführer unterstand direkt dem Reichsjugendführer Baldur von Schirach und dieser direkt dem Führer. In unseren Augen war das nur eine kleine Stufe niedriger als Gott.

»Deutsche Jugend«, begann er, »heute ist ein großer Tag in eurem Leben. Obwohl unser Führer Adolf Hitler unermüdlich um das Wohl des Deutschen Reichs bemüht ist, denkt er auch an euch. Er weiß um die Lage der Jungen und Mädchen in den besetzten Gebieten. Ihr sollt wissen, daß er stolz auf euch ist.«

Er machte eine Pause, damit seine Worte in uns nachwirken – und damit wir uns auf den wichtigeren Teil seiner Rede einstellen konnten.

»Wir sind umgeben von feindlichen, kriegslüsternen Ländern. Aber Deutschland hat die Herausforderung angenommen, alles, was edel, ehrbar und gut ist, zu verteidigen. In der ganzen Welt haben deutsche Männer und Frauen sich einmütig hinter einen Mann gestellt, unseren Führer Adolf Hitler. Er hat das fremde, schändliche Joch von unseren Schultern geworfen. Wir Deutschen können wieder stolz unsere Häupter erheben. Wir gehören zu einem seit langer Zeit siegreichen Volk. Die Welt soll ruhig lachen und meinen, unser Führer sei am Ende seines Lateins. Aber ich versichere euch, daß wir erst am Anfang eines glorreichen Weges stehen, den Adolf Hitler uns führen will. Deutschland wird größer und stärker werden. Es wird immer herrlicher werden. Die Pläne des Führers umfassen die Neuordnung der ganzen Welt. Ich beneide euch um die Zukunft, die noch vor euch liegt.«

Mich hatte seine Rede gepackt. Welch ein Vorrecht war es, zu einer großen, geeinten Nation unter der Führung eines großen Mannes zu gehören. Ihm gehörte meine ungeteilte Liebe und Treue. In diesem Augenblick war ich bereit, für den Führer mein Leben zu lassen.

Aber der Vertreter des Führers war noch nicht am Ende. Mit lauter Stimme rief er über den Platz, auf dem mehr als 1500 Jungen standen:

»Aber ihr werdet darum kämpfen müssen. Ihr werdet stark sein müssen, stark mit eurer körperlichen Kraft und standhaft in eurem Geist. Und ihr braucht noch mehr, ihr braucht Waffen.«

Das war Musik in unseren Ohren. Wie oft hatten wir uns angesichts der Belästigungen durch die Tschechen ein Gewehr oder einen Revolver gewünscht!

»Es ist heute meine ehrenvolle Aufgabe, euch zu sagen, daß ihr alt genug seid, um der Hitler-Jugend anzugehören. Unser geliebter Führer Adolf Hitler weiß, wie sehr euch diese schweren Zeiten haben reifen lassen. Ihr seid fähig, größere Verantwortung zu tragen.«

So ungefähr redete er. Ich war gerade 13 Jahre alt, aber in dieser besonderen Zeit der Not wurde ich für 14 erklärt. Das war eine Freudenbotschaft. Das hatten weder meine Eltern noch Großeltern je erlebt. Nur das neue Deutschland bot uns diese Chance. Ich war plötzlich 14, 14 Jahre!

»Wenn euer Name jetzt aufgerufen wird, tretet vor und empfangt die Armbinde mit dem Hakenkreuz. Ich bin mit Stolz erfüllt, daß gerade ich euch diese gute Nachricht bringen kann. Unserem Führer ein dreifaches Sieg Heil, Sieg Heil, Sieg Heil!«

Ich weiß nicht, ob es geplant war, mir schien es jedenfalls so, daß wir alle spontan die Nationalhymne anstimmten, »Deutschland, Deutschland über alles . . .«

»Kerstan.«

Dieser Ruf riß mich aus meinen Träumen. Mit festem Schritt marschierte ich vor, auf die Militärkapelle zu und hielt in strammer Haltung an. Ein fester Händedruck vom Hauptsturmbannführer. Einer der Offiziere der Wehrmacht streift mir die Armbinde über. Mein »Danke« blieb mir fast in der Kehle stecken. Ein fester Blick, eine Kehrtwendung, ein paar Schritte zurück, und ich stand wieder im Glied.

Einer nach dem anderen wurde herausgerufen. Überall strahlten Stolz und Freude auf den Gesichtern. Dies war ein großer Augenblick in unserem Leben. Ich sah auf das Hakenkreuz auf meinem Arm. Dieses Zeichen wird einmal die Welt regieren. Adolf Hitlers Worte kamen mir in den Sinn, wie wir sie im politischen Unterricht gelernt hatten.

»Die Hakenkreuzfahne – welch ein Symbol sie ist! Rot ist die Farbe der sozialen Idee der Bewegung, weiß ist die Farbe des nationalen Ideals, und das Hakenkreuz ist das Zeichen des Kampfes der arischen Rasse um den Sieg in der Welt.«

Gott sei Dank, ich war Arier und nicht Jude, und ich war 14 Jahre alt, ein erwachsener Mann!

9

Trotz des Parteibeschlusses war ich nur 13 Jahre alt, aber ich war zweifellos schon in mancher Hinsicht abgehärtet. Ich hatte Bombardierungen erlebt, das harte vormilitärische Training durchgestanden und auch die jahrelange unaufhörliche staatliche Propaganda. Nun aber trug ich ein Gewehr und eine Handgranate in meiner Hand. Ich war kriegsbereit. Schon knapp eine Stunde nach unserer »Männlichkeitsproklamation« begannen die Soldaten auf dem Schießstand mit den Anweisungen. Unter der dünnen äußeren Kruste meines Wesens hatte ich aber einen Kern christlicher Liebe bewahrt, der mich verwirrte und meinem Bemühen, ein guter Soldat zu sein, im Wege stand.

Auf die Scheiben zu schießen machte mir keine Mühe. Ich war ein guter Schütze. Vier von sechs Schüssen trafen beim ersten Mal ins Schwarze. Aber die Übungen mit der Handgranate brachten mich zur Besinnung.

Als der erste Wurf zu kurz geriet, brummte mein Ausbilder: »Härter werfen, stell dir vor, das Ziel ist ein Jude. Du willst doch einen Juden ausrotten, nicht wahr?«

Plötzlich stand vor meinem Auge wirklich ein Jude, aber einer, den ich kannte, Dr. Grünbaum, unser Hausarzt. Ich kannte ihn als einen freundlichen, höflichen Mann, von dem ich immer einen Bonbon bekam, wenn ich zur Sprechstunde zu ihm mußte.

Eines Tages stand an seiner Haustür mit großen roten Buchstaben »Jude«. Die Praxis war geschlossen. Es war dann ein paar Tage später, als ich ihm wieder begegnete. Er kam mir als Straßenfeger entgegen mit einem großen gelben Stern auf seinem Hemd.

»Dr. Grünbaum«, rief ich und ging auf ihn zu, um ihm die Hand zu schütteln. Einen kurzen Moment schaute er auf. Für einen Augenblick schien sein müdes Gesicht zu lächeln, dann aber ging er langsam weiter. Ein Stück weiter begann er wieder die Straße zu fegen. Sein Kopf schien tief in den Schultern vergraben zu sein.

Nach diesem Erlebnis stürmte ich in unsere Wohnung und bombardierte meine Mutter mit Fragen. Aber auch sie konnte ihrem zehnjährigen Sohn nicht klarmachen, warum es in Deutschland keinen Platz mehr für Juden gab und warum die Regierung alles tat, um die Juden zu entwürdigen, zu demütigen, niederzudrücken, ja sie sogar womöglich umzubringen.

In der folgenden Zeit habe ich meinen »Onkel Doktor« fast jeden Nachmittag beobachtet, wenn er die Straße fegte, so gut er es konnte. Er wirkte krank, und es fehlte ihm sein freundliches Lächeln. Eines Tages hob ich mir ein Stück Brot auf und schob es ihm in die Hand, als er vorbeiging. »Hier, iß das bitte, Onkel Doktor.« In seiner Überraschung ließ er das Brot fallen. Ich aber hob es gleich auf und gab es ihm noch einmal.

»Paß auf, Kind«, flüsterte er mir müde zu, während er das Brot in die Tasche steckte und weiterfegte.

»Warum hat er gesagt ›Paß auf‹?« fragte ich meinen Bruder.

»Weil es dumm ist, einem Juden Brot zu geben!«

»Warum?« bohrte ich weiter.

»Du willst ein Hitler-Junge sein und weißt es nicht?« entgegnete mein Bruder spitz. »Du mußt noch viel lernen, vor allem, daß du Juden nicht mit Brot versorgst.«

Das klang gar nicht nach meinem Bruder Siegfried. Ich wußte, daß er Dr. Grünbaum auch mochte, genau wie ich. Aber offensichtlich war mir irgendetwas, was die jüdische Familie anging, im politischen Unterricht entgangen.

Zwei Tage danach hatte ich wieder ein Stück Brot in der Tasche. Es war schon hart, aber es fühlte sich wie ein Schatz an.

»Onkel Doktor!« Ich stürzte auf die Straße und hielt plötzlich inne, weil mir seine warnenden Worte einfielen. Er hatte mich beobachtet und lächelte. Ich ließ ihn näherkommen und steckte ihm, während er weiterfegte, das Brot in seine Manteltasche. Als ich meine Hand wieder herauszog, griff er plötzlich danach, hielt sie einen Moment fest und schaute mich mit Tränen in den Augen an.

»Du bist ein guter Junge, ich danke dir«, flüsterte er mir mehr mit seinen Augen als mit Worten zu. –

»Du mußt dir vorstellen, dein Ziel ist ein Jude!« bellte mich mein Instrukteur an und brachte mich noch mehr durcheinander. Genau das tat ich ja. Aber eben das hinderte mich auch am Werfen.

»Was ist mit dir los, Kerstan? Willst du etwa keinen Juden töten?« Er schaute mich mit durchdringenden Blicken an. Mir war schlecht bei dem Gedanken. Ich versuchte, nicht an Dr. Grünbaum zu denken und schleuderte die Handgranate, so weit ich konnte. Sie fiel wieder zu kurz. Aber der Ausbilder schien das meiner Körpergröße und der mangelnden Kraft zuzuschreiben.

Die Übungen wurden später in der Villa fortgesetzt. Morgens versuchten wir uns auf Latein, Französisch, Mathematik, Biologie und

Chemie zu konzentrieren. Aber die Nachmittage gehörten dem militärischen Unterricht, den Schießübungen und Dauermärschen. Irgend jemand in Berlin hatte offensichtlich mehr mit uns vor.

Aber auch die feindlichen Truppen hatten ihre Pläne. Britische Tiefflieger flogen täglich über die Stadt, so tief, daß wir die Gesichter der Piloten ausmachen konnten. Es gab keine Vorwarnung. Plötzlich stießen sie aus den Wolken herab, schossen aus allen Rohren, und wir mußten es lernen, ohne langes Überlegen Deckung zu suchen. Wir waren eines Tages gerade bei einem unserer Märsche, als ein Tiefflieger hinter einem Fabrikgebäude direkt auf uns zuflog. Sekundenlang starrten wir in die Waffen des Flugzeuges. Aber genau so schnell drehte er ab und berührte dabei um Haaresbreite fast ein anderes Gebäude. Starr vor Schrecken blieben wir zurück.

Diese drastischen Veränderungen in unserem Leben hatten auch eine gute Seite. Wir schienen ein wenig von den dauernden Zornausbrüchen Herrn Grothes befreit zu sein. Natürlich war er noch da. An einem Sonnabend im April ließ Kurt uns antreten. Wir mußten warten, bis Herr Grothe und seine Frau herauskamen. Mit einem seltsamen Lächeln bauten sie vor uns eine große Kiste auf.

»Unser geliebter Führer hat heute eine besondere Überraschung für euch.« Mit der Hand an seinem Parteiabzeichen machte er eine bedeutungsvolle Pause. »Er hat euren harten Einsatz nicht vergessen und beschenkt euch mit etwas, was sonst schwer zu bekommen ist.«

Was mochte in der Kiste sein, etwas zu essen, gar Süßigkeiten? Wahrscheinlich handelte es sich aber um Kleidungsstücke, damit unsere abgetragenen Sachen ausgewechselt werden konnten. Vielleicht bekamen wir sogar eine Uhr. Jedenfalls waren wir gespannt.

Herr Grothe öffnete feierlich die Kiste und holte umständlich eine Zahnbürste und Zahnpasta heraus und hielt sie hoch.

»Schaut her, das ist des Führers Geschenk an euch!«

Man konnte deutlich spüren, wie alle ihre Enttäuschung und ihren Zorn zurückhielten. Welch ein grandioses Geschenk! Während Herr Grothe mit einer Hand Zahnbürste und -pasta überreichte, schüttelte er mit der anderen jedem die Hand. Das »Dankeschön« löste bei Herrn Grothe ein noch breiteres Lächeln aus. Ich wußte, welchen ekligen Geschmack die Zahnpasta hatte, die ich in meiner Hand hielt. Das war nun wirklich nichts Besonderes, was der Führer uns da aus Berlin sandte.

»Wie hatte er das genannt?« flüsterte ich meinem Nachbarn zu. »Ein besonderes Geschenk des Führers? Ich sag dir, was das ist.« Und mit lauter Stimme, so daß alle meine Klassenkameraden meinen Witz hören konnten, fuhr ich fort: »Dies ist ein Zeichen für den unsterblichen Glauben des Führers, daß wir unsere Zähne noch nicht verloren haben und es immer noch welche zum Putzen gibt.«

Einige kicherten, andere stachelten mich an, noch lauter weiterzumachen.

»In Wirklichkeit ist diese Paste aus der Farbe der Indianer gemacht, die sie für die Kriegsbemalung benutzen, aus Tennisschuhweißer und dann auch noch aus Zahncreme. Deswegen heißt die Zahnpasta auch Kriegsbemalungs-Schuh-Zahn-Schmiere.«

Herr Grothe mußte den Schluß gehört haben. Er hielt plötzlich inne und fragte scharf: »Wer war das? Wer hat diese Bemerkungen über die Zahncreme gemacht?«

»Ich war das.« Ich wunderte mich selbst über meinen Bekennermut, und gleichzeitig tat es mir auch schon leid.

»So, natürlich, du wieder!« Noch fehlten ihm die Worte. »Raustreten!« Ich trat vor, während er drohend über mir ragte.

»Dreh dich rum, damit jeder dich sehen kann. Du schämst dich wohl gar nicht? Der Führer schickt uns diese besonderen Geschenke, und du, du Taugenichts, du Lümmel, hast nichts Besseres zu tun, als ihn zu beleidigen.«

Er übergab seiner Frau die Kiste, um die Hände frei zu haben, und schlug mir mit seiner gesunden Hand und mit der Stahlhand rechts und links Ohrfeigen. Je länger er mich schlug, um so wütender schien er zu werden.

»Du frommer Kriecher, du Vollidiot, du Halbjude, du dämlicher Baptist!«

Er schlug immer wieder auf mich ein, auf die Wangen, die Augen, den Kopf und in den Nacken. Je mehr ich versuchte, seinen Schlägen auszuweichen, um so heftiger schlug er mich.

Aber ich weinte nicht. Kein Ton kam über meine Lippen. Er sollte nicht seine Befriedigung bekommen.

Plötzlich war Schluß. Er rieb sich die Hände. Noch ganz außer Atem nahm er die Kiste wieder. Ich stand weiter stramm. Mein Gesicht brannte, und ich spürte, wie etwas an meinem Ohr herunterlief. »Nur nicht weich werden«, sagte ich mir selbst, und um die Schmerzen und die Scham zu verbergen, grinste ich über das ganze Gesicht. Einige Jungen lächelten mir ermutigend zu.

Als Herr Grothe das sah, verlor er gänzlich die Kontrolle. Er preßte die Kiste mit seinem linken Arm an sich und schlug mit der Stahlmanschettenhand in mein Gesicht. Ein Schlag traf mich oberhalb des Auges, so daß es zu laufen anfing.

»Da«, schrie er triumphierend und faßte mich am Kinn, damit alle mein Gesicht sehen konnten. »Da, seht euch euren Helden an, schaut ihn euch gut an. Seht ihr, wie er jetzt heult, wie ein kleines Baby!«

Sie waren verurteilt, passiv dabeizustehen, aber sie wußten, warum meine Augen tränten. Ihre Blicke füllten sich mit Haß. Herr Grothe muß das gespürt haben, denn er beendete sehr schnell die Verteilung, übergab Kurt das Kommando und verschwand mit seiner Frau in der Villa.

Was Kurt noch übrig blieb, war, uns wegtreten zu lassen. Sofort stürzten sich alle Jungen auf mich. Diese brutale Attacke gegen mich ließ sie alle Repressalien vergessen, die auf sie warten könnten, wenn sie sich mit mir solidarisierten. Einer der Jungen nahm ein Taschentuch und wischte das Blut von meinem Ohr und von der Uniform. Richard legte tröstend die Hand auf meine Schulter.

»Der Mann ist total verrückt geworden«, fauchte er, »warte, bis wir wieder in Berlin sind. Dann zeigen wir ihn an.«

»Wenn wir ihn nicht vorher umbringen«, sagte Horst.

Als wir die Stufen zur Villa hinaufgingen, zitterten mir die Knie und mein Kopf dröhnte. Aber hier war ein neues Band zwischen meinen Kameraden und mir geschmiedet worden. Ich war einer von ihnen, mehr noch, ich hatte für sie gelitten, und sie würden es nicht vergessen.

10

In einem Punkt hatte ich mich nicht getäuscht. Ich hatte Respekt bei den anderen Jungen im Lager gewonnen. Jetzt konnte ich in Ruhe meine Bibel lesen und beten. Sie schienen nichts mehr dagegen zu haben, obwohl bei ihnen andererseits kein Interesse an Gott vorhanden zu sein schien.

Mir ging es in jenen Tagen allerdings so, daß ich mehr Verlangen nach Gott hatte als zuvor. Irgendetwas braute sich zusammen. Eine gewisse Nervosität war den Lehrern anzumerken. Sie standen flüsternd in der Halle, ein Eilbote tauchte auf. Wir wußten nichts Genaues, konnten uns aber manches zusammenreimen.

Schließlich kam der Befehl: Fertigmachen zur Abreise. Da war nicht viel fertigzumachen. Herr Grothe bestand aber darauf, daß wir die Villa so verließen, wie wir sie vorgefunden hatten. Alle Schulutensilien wurden sorgfältig in Kisten verpackt, die Blätter im Garten zusammengeharkt und die Schlafräume gründlich gesäubert. So warteten wir. Trotzdem waren wir dann erschrocken, als ein Kradmelder des Militärs die Auffahrt heraufjagte und am Tor klingelte.

»Los, Jungs, aufmachen! Ich hab' nicht viel Zeit.« Als er sah, was wir getan hatten, brach er in ein schallendes Gelächter aus. »Meine Güte, Deutschland wird von der Landkarte ausradiert und ihr harkt Laub zusammen.«

Kurt war zum Tor gegangen und öffnete mit einem schneidigen »Heil Hitler«. Der Mann schob ihn beiseite: »Ja, ja, schon gut, man kann es ihm nur wünschen«, und rannte weiter, um Herrn Grothe zu finden.

Wir standen wie festgenagelt, so hatte uns das unmilitärische Auftreten dieses Mannes erschreckt. Als er wieder herausstürzte, ließ er noch ein paar Sachen los:

»Schmeißt bloß eure Harken weg und rennt um euer Leben. Wenn die Russen euch nicht schnappen, werden es die Amerikaner tun.«

Dann startete er die Maschine, knallte den Gang rein und raste fort.

Solche Reden hörten wir das erste Mal. War er ein Kommunist oder ein Deserteur? War das wirklich ein deutscher Soldat? Sein Auftreten hatte zwar nicht unseren Glauben an das 1000jährige Reich erschüttert, aber vielleicht entstand hier der erste, unsichtbare Riß im Gebäude, der unsern Glauben zum Einsturz bringen sollte.

Uns blieb nicht viel Zeit zum Überlegen. Alles, was wir hatten, außer den Decken, packten wir in die Rucksäcke und marschierten zum Eßsaal. Dieses Mal durften wir essen, soviel wir wollten. Herr Grothe hatte sogar eine Flasche Wein. Er schenkte sich und seiner Frau ein: »Deutschland lebe hoch! Auf ein schnelles Ende der Kämpfe! Auf unseren Endsieg!« Es wirkte hilflos und töricht auf uns, genau wie das schwache Echo seiner Frau auf diese Hochrufe.

In dieser Nacht gingen mir dauernd die Bemerkungen des Soldaten und die Worte von Herrn Grothes Hochrufe durch den Kopf – »Auf ein schnelles Ende der Kämpfe«. Wir hatten ja so gut wie keine Informationen, was wirklich im Krieg geschah. Man hatte uns gesagt, daß die Vormärsche der Alliierten zur Strategie der Deutschen gehörten, um die Entfernungen zur Front zu verkürzen. Wir hatten von V1- und V2-Raketen gehört, die England bombardierten, und wir meinten, alles steuere auf den Einsatz der alles entscheidenden V3-Rakete zu. Das würde dann den Krieg beenden. Daran bestand für uns kein Zweifel. Vielleicht war es jetzt soweit. Vielleicht sollten wir jetzt mit den anderen Hitler-Jungen zur Entscheidungsschlacht, zum Endsieg an die Front. Wir hatten keine Ahnung, wohin es ging. Mir war zwar nicht ganz wohl bei dem Gedanken, und doch hoffte ich, daß wir dabeisein würden.

Es war fünf Uhr früh am nächsten Morgen, als wir von Herrn Grothe geweckt wurden. Wir marschierten zum Bahnhof. Von da an herrschte nur noch Verwirrung und Unklarheit. Es war kein Zug zu sehen, geschweige denn etwas zu essen da. Schließlich tauchte doch noch ein Zug auf und auch Verpflegung. Kaum war der Zug aber da, stürzten sich auch schon britische Bomber aus westlicher Richtung aus den Wolken und belegten den Bahnhof mit Bomben. Die Lokomotive erhielt einen Volltreffer. Es dauerte Stunden, bis eine neue Lokomotive in den Bahnhof dampfte. Prompt war auch ein einzelnes britisches Flugzeug da, stürzte sich wie ein Raubvogel auf die Lokomotive und ließ mit einem einzigen gezielten Bombenabwurf den Dampfkessel der Maschine in die Luft fliegen.

Als dann schließlich eine dritte Lokomotive erschien, bestiegen wir schnell den Zug. Wir wollten endlich hier raus. Stunden vergingen. Hundemüde schliefen wir ein. Als wir wieder aufwachten, hatte sich der Zug nicht von der Stelle bewegt. Es war ein unheilvoller Anfang. »Räder müssen rollen für den Sieg«, murmelte ein Spaßvogel. Das war ja einer der zahllosen Sprüche, die zum Bestandteil unseres Lebens geworden waren. »Fragt sich bloß, wo«, war Jürgens trockene

Entgegnung, und er sprach damit das aus, was wir uns alle fragten.

Hungrig, wie wir waren – die letzte Mahlzeit war schon einen Tag her –, versuchten wir tapfer zu bleiben und rückten frierend näher aneinander auf unseren harten Holzbänken. Walter und Erwin waren bei dem Bombardement getötet worden, aber keiner verlor darüber ein Wort. »Nur nicht weich werden, kein Mitleid«, so hatten wir es ja gelernt.

Ich fühlte mich gar nicht stark. Unter der Oberfläche scheinbarer Gleichgültigkeit lauerten Einsamkeit, Selbstmitleid, Angst und Hoffnungslosigkeit. Es gelang mir noch einmal, sie zu verdrängen.

Wir saßen in einem Flüchtlingszug mit Hunderten anderer Hitler-Jungen und BDM-Mädchen. Irgendwie hatten wir es geschafft, daß die Belegschaft unseres Schlafraums zusammengeblieben war. Mehrmals versuchte der Zug loszufahren, aber es klappte nicht. Zwischendurch griffen uns Partisanen an. Schließlich gelang es gegen Mitternacht doch. Im Schutz der Dunkelheit fuhren wir in südöstlicher Richtung aus Rewnitz. Wir hatten keine Ahnung, wohin wir fuhren. Auch war uns streng untersagt worden, das Wort Flucht zu gebrauchen.

Nach stundenlanger Fahrt teilte Herr Grothe uns mit, wir führen nach Schwarz-Indien. Niemand hatte jemals von Schwarz-Indien gehört. Wir sind auch niemals dort angekommen, sondern es ging immer im Zickzack zur österreichischen Grenze und zurück zur polnisch-tschechischen Grenze und von dort Richtung Deutschland, immer hin und her. Wir hielten nur an, wenn Kohle und Wasser nachgefüllt wurden oder wenn Tiefflieger oder Partisanen uns angriffen.

Immer wenn der Zug langsamer fuhr, waren wir sprungbereit für den Befehl »Abspringen! In Deckung gehen!« Mann, das war am Anfang ein Mordsspaß, vom fahrenden Zug zu springen unter der Begleitmusik des Tak-Tak vom Flugabwehrgeschütz an der Spitze des Zuges.

»Russische Flugzeuge«, bemerkte Werner, als wir in Deckung gingen.

»Nein, Tommies«, widersprach Jürgen.

Solche Diskussionen hatten wir vor einem Jahr bei unseren Kriegsspielen geführt. Dieses Mal waren es aber Russen, und wir merkten, was das bedeutete. Während die Briten den Zug bombardierten und es vor allem auf die Lokomotive abgesehen hatten, machten die Russen daraus eine tödliche Jagd. Immer und immer wieder stürzten sie sich auf uns, obwohl auf dem Zug das Rote-Kreuz-Zeichen deutlich zu sehen war.

Als alles vorbei war, hörten wir Herrn Grothes Trillerpfeife.

»Zurück in den Zug«, schrie er.

»Komm, los«, sagte ich zu dem Jungen an meiner Seite.

»Los, die warten nicht.« Er rührte sich nicht, und so rief ich noch einmal: »Los, komm, wie heißt du eigentlich?« Ich beugte mich zu ihm runter und faßte ihn am Arm. Da sah ich sein blutverschmiertes Gesicht und wußte, er war tot.

»Reinhold«, schrien meine Freunde verzweifelt.

»Ich kann nicht. Der Junge hier ist getroffen worden!«

»Ist er tot?«

»Ja.«

»Dann laß ihn liegen und komm her«, schnaubte Herr Grothe.

»Wir müssen ihn doch begraben!«

»Reinhold, ich geb dir noch 10 Sekunden, sonst fährt der Zug ohne dich.« Er begann zu zählen. Mit zusammengebissenen Zähnen ließ ich den toten Jungen los und rannte zum Zug.

»Das ist ein Pfundskerl!« hörte ich Herrn Grothe sagen. Eigentlich hätte ich mich darüber freuen sollen, denn das war das erste anerkennende Wort, das ich von ihm hörte. Aber in dem Augenblick hatte ich nur Wut auf ihn. Diese Kaltschnäuzigkeit, diese Hartherzigkeit, die er ausstrahlte. Ich war auch deshalb wütend auf ihn, weil er inzwischen sein Parteiabzeichen hatte verschwinden lassen, das er sonst immer getragen hatte. War das deutsche Schiff wirklich am Sinken und die Ratten verließen es? Der Zug rollte an. Ich drückte mich in eine Ecke. Wenn nur nicht die Tränen wieder kämen.

Wir fuhren nicht lange. Wieder mußten wir uns in den Dreck werfen und uns im Gras an der Strecke verbergen. Über uns dröhnten die Motoren der Flugzeuge.

»Tiefflieger«, schrie Herr Grothe.

Horst, der weit hinter der Bodenwelle lag, schrie zurück: »Tolle Beobachtung.« Er hob seinen Kopf und wollte sehen, woher Herrn Grothes Stimme kam. In dem Moment hörte ich das Pfeifen von Geschossen. Es war, als ob Horst's Gesicht in einem Brei aus Fleisch und Blut explodierte. Ein Teil flog in mein Gesicht. Andere hörte ich schreien, als sich die Geschosse durch das Gras mähten. Mir schien, ich läge schon eine Ewigkeit still da. Ich mochte den Kopf nicht heben und schon gar nicht Horst's zerschossenes Gesicht sehen.

Eine Hand legte sich auf meine Schulter.

»He, Kleiner, alles in Ordnung?« Ein deutscher Soldat hatte sich über mich gebeugt. Über Horst hatte er eine Jacke gebreitet. Als ich meine Hand danach ausstreckte, um zu sehen, ob ich nicht geträumt hatte, befahl er mir: »Laß das! Er ist tot, du kannst ihm nicht mehr helfen.«

Er reichte mir seine Feldflasche, aber ich wußte, ich konnte sie nicht festhalten. Hinter uns war ein Rote-Kreuz-Zug aufgefahren. Neben den Geleisen hatten sie ein Zelt aufgebaut. Werner, Richard und andere wurden dort bereits versorgt, und ich ging zu ihnen.

»Wisch dir das Blut aus dem Gesicht!« Werners Stimme war hart.

»Warum seid ihr nicht längst zu Hause?« fragten die Soldaten.

Ich richtete mich zu meiner vollen Größe von 1,50 m auf und sagte stolz:

»Der Führer wollte es nicht. Wir müssen erst beim Endsieg helfen!«

Der Soldat, der mir geholfen hatte, sagte vorsichtig:

»Ist euch denn noch nicht klar, daß Deutschland den Krieg verloren hat? Ein paar Kilometer hinter uns stehen die russischen Panzer und nur wenige Kilometer vor uns im Westen die Amis. Es ist alles vorbei. Nur Berlin hält sich noch!«

Ich hatte das Gefühl, das alles durfte ich nicht hören. Unbeweglich stand ich vor ihnen. Ich wollte nicht das Mitleid hören, das sie mit unserem »blinden Glauben« hatten. Ihre Worte hörte ich wohl, aber ich verstand sie nicht.

Ohne Vorwarnung geriet meine ganze Welt ins Wanken. Wir hatten den Krieg verloren? Warum durften wir nicht kämpfen? Wir waren ein ganzer Zug tapferer Hitler-Jungen, die bereit waren zum Kampf. Waren wir belogen und betrogen worden?

Ich wollte das nicht wahrhaben. Die Saat, die man in uns gelegt hatte, hatte zu schnell und zu tief Wurzeln geschlagen. Immer noch wie betäubt nahm ich die Schokolade, die die Soldaten mir anboten, und auch den Käse, schüttelte ihre Hände und bestieg wieder mit den Jungen den Zug.

11

Immer wenn ich zu Hause Fragen und Probleme hatte, konnte ich zu meinem Vater ins Arbeitszimmer gehen. Er legte die Bibel oder die Predigtvorbereitung beiseite und nahm sich die Zeit, mit mir zu sprechen, was immer es auch sein mochte. Wie oft hatte ich in den letzten Monaten ein brennendes Verlangen danach, mit ihm zu sprechen. Es war mir so, als schrie ich immer wieder in meinem Herzen: »Bist du da, Vater? Ich brauche dich!«

Wie nötig hatte ich jetzt seinen weisen Rat! Irgend etwas ging hier schrecklich schief. Wenn ich auch großes Vertrauen zum Führer und den Größen des Dritten Reiches hatte, über ihnen rangierte immer noch mein Vater. Das Vertrauen zu ihm war jetzt um so größer. Aber wo mochte er jetzt sein? Sein letzter Brief kam aus Italien. Von meiner Mutter wußte ich, daß sie wieder in Berlin war.

Eines Nachts, nach fast einwöchiger Irrfahrt durch die Tschechoslowakei, wurden wir in offene Güterwaggons verfrachtet. Viele Jungen anderer Schulen stießen noch zu uns. Schließlich gelangten wir nach Österreich. Wir fuhren innerhalb eines schmalen Korridors hin und her, um nicht von den Alliierten eingezingelt zu werden. Unsere Leiter hatten immer noch nicht die Idee aufgegeben, wir könnten nach Berlin zurück, um dem Führer in diesen schweren Tagen beizustehen. Aber wir kamen Deutschland nicht näher, sondern fuhren nun schon zwei Tage lang, ohne einen Bissen gegessen zu haben, hin und her.

Am dritten Tag dieser Zuckelei lag ich früh morgens wach auf meinem Stroheckchen und suchte meine Bibel. Dabei stieß ich Richard an und weckte ihn auf. Sein Blick war sehr traurig, und so fragte ich ihn: »Soll ich laut lesen, für dich mit?«

»Ja«, sagte er, »ja, nur nicht so laut, daß die anderen wach werden.«

Ich hatte einen Psalm entdeckt, der mir schon einmal viel Trost und Hilfe gegeben hatte; den schlug ich auf und las leise Psalm 143.

> Herr, erhöre mein Gebet,
> vernimm mein Flehen um deiner Treue willen,
> erhöre mich um deiner Gerechtigkeit willen,
> und geh nicht ins Gericht mit deinem Knecht;
> denn vor dir ist kein Lebendiger gerecht.

Denn der Feind verfolgt meine Seele
und schlägt mein Leben zu Boden,
er legt mich ins Finstere
wie die, die lange schon tot sind.
Und mein Geist ist in Ängsten,
mein Herz ist erstarrt in meinem Leibe.
Ich denke an die früheren Zeiten;
ich sinne nach über all deine Taten
und spreche von den Werken deiner Hände.
Ich breite meine Hände aus zu dir,
meine Seele dürstet nach dir wie ein dürres Land.
Herr, erhöre mich bald, mein Geist vergeht;
verbirg dein Antlitz nicht vor mir,
daß ich nicht gleich werde denen,
die in die Grube fahren.
Laß mich frühe hören deine Gnade;
denn ich hoffe auf dich.
Tu mir kund den Weg, den ich gehen soll;
denn mich verlangt nach dir.
Errette mich, mein Gott, von meinen Feinden;
zu dir nehme ich meine Zuflucht.
Lehre mich tun nach deinem Wohlgefallen,
denn du bist mein Gott;
dein guter Geist führe mich auf ebner Bahn.
Herr, erquicke mich um deines Namens willen;
führe mich aus der Not um deiner Gerechtigkeit willen,
und vernichte meine Feinde um deiner Güte willen
und bringe alle um, die mich bedrängen;
denn ich bin dein Knecht.

Als ich aufgehört hatte, schwieg Richard noch eine ganze Weile.

»Hm, das ist gewaltig! Wer hat das gesagt? Jesus?«

»Nein, David, der König Israels und einer der direkten Vorfahren Jesu.«

»Steht da wirklich, daß Gott alle meine Feinde vernichten und umbringen soll?«

»Ja, so steht es da, aber mir gefällt viel besser, wenn da steht, ›Laß mich frühe hören deine Gnade, denn ich hoffe auf dich. Tu mir den Weg kund, den ich gehen soll; denn mich verlangt nach dir‹.«

»Das ist gut«, flüsterte Richard. »Betest du jetzt?«

»Ja, meistens bete ich nach dem Bibellesen.«

Richard schwieg erneut.

»Soll ich laut beten?«

»Nein, laß man! Mach es still für dich, die anderen werden langsam wach. Aber vergiß nicht, auch für mich zu beten!«

»Klar«, sagte ich. Mir fiel das Sprechen auf einmal schwer.

In dieser Nacht zog die Lokomotive den Zug noch bis in die Hohen Tauern. Dort hielten wir. Die Türen unseres Güterwaggons waren im offenen Zustand vernagelt worden, so daß der kalte Wind direkt in den Wagen blies. Die Ruhr machte sich breit in unserer Gruppe, und so kletterte während dieser langen, kalten Nacht ein Junge nach dem anderen leise aus dem Wagen, verschwand für eine Weile und kehrte mühsam mit letzter Kraft wieder in den Waggon zurück. Einige klagten über Magenkrämpfe oder Schmerzen in der Lunge. Tim, ein schmächtiger, blonder Junge aus Potsdam, hatte so hohes Fieber, daß wir den Eindruck hatten, er schaffe es nicht mehr lange.

»Er könnte jetzt Fleischbrühe, Tee oder ein paar weich gekochte Eier gebrauchen, dann würde er schon wieder auf die Beine kommen«, sagte einer der Soldaten. Sein Rat war in unserer Lage so verrückt, daß wir laut loslachten. Wasser und Gras war alles, was wir in den beiden letzten Tagen hatten.

Es war immer noch dunkel, und alle schienen noch zu schlafen, als ich merkte, wie Tim aufstand, zur offenen Waggontür ging und dort einen Augenblick stehen blieb. Plötzlich war er weg. Erst dachte ich, er wäre runtergefallen, aber ich hatte keinen Fall gehört; und so döste ich noch eine Weile weiter.

Beim Hellwerden weckte uns der Ruf: »Wo ist Tim?«

Wir standen auf und schauten uns um. »Wo ist er?« schrie einer unserer Führer.

»Er ging raus, austreten«, antwortete ich.

»Rausgegangen? Der hatte doch nicht einmal Kraft genug zum Aufstehen. Rausgegangen, hast du das gesehen?«

»Ja!«

»Dann komm und such nach«, schrie er mich an. Das Gelände neben den Geleisen war gefährlich. Große Steinblöcke, Gräben, Reste von Schnee und glitschige Stellen. Ich wollte Tim unbedingt finden; denn obwohl ich wußte, daß er krank war, hatte ich ihm weder geholfen noch für Hilfe gesorgt. Ich suchte das Gelände ab, so schnell es meine Kräfte zuließen, aber ein anderer fand ihn vor mir.

»Er ist hier«, rief er.

Tims Körper lag ungefähr zehn Meter unter uns in einer kleinen Schlucht auf einem Felsbrocken. Seine Füße hatten sich in einer Tanne verfangen, und sein Kopf baumelte nach unten. Er war tot, daran gab es keinen Zweifel.

Ich konnte meinen Blick nicht von diesem grausigen Anblick lösen.

»Warum habe ich ihm nicht geholfen?« schoß es mir quälend durch den Kopf. Warum hatte ich nur an mich gedacht? Hatten wir in der Sonntagsschule nicht gelernt, daß wir unsere Nächsten wie uns selbst lieben sollten? Und Tim war doch mein Nächster gewesen.

Als wir in Schladming ankamen, war es inzwischen Karfreitag geworden. Jürgen und ich verließen heimlich den Zug und schlenderten durch das Gleisgewirr, um irgend etwas Eßbares zu erwischen. Ein Militärzug fuhr in den Bahnhof ein. Wir sahen den dampfenden Kessel und rochen den kräftigen Duft heißer Suppe. Obwohl die Gefahr bestand, daß unser Zug inzwischen weiterfuhr, beschlossen wir, zu den Soldaten zu gehen. Wahrscheinlich würde man uns nicht einmal vermissen.

Die Soldaten wußten schon, was wir wollten, als sie uns ankommen sahen.

»Schaut euch diese kleinen Tiere an«, sagten sie mit Erstaunen, aber auch mit Mitleid.

»Kleine schmutzige Strolche.«

»Ich wette, die haben Hunger.«

Wir hatten große Achtung vor Soldaten. Sie waren Helden für uns. Das hier war eine Gruppe, die offensichtlich von der Front kam. Sie drückten uns Kochgeschirre in die Hand. Wir mußten uns setzen und bekamen so viel zu essen, wie wir wollten. Weil wir aber kein Maß kannten, rebellierten unsere Mägen. Die Soldaten schauten uns voll Mitgefühl zu, als wir alles wieder erbrachen. Keiner lachte, aber ich fühlte mich hundeelend. Irgendwie war ich innerlich und äußerlich beschmutzt. Blut und Erbrochenes klebten an meiner Kleidung. Meine schwarze HJ-Hose hatte Löcher und war wochenlang nicht gewaschen worden.

Ein freundlicher, grauhaariger Hauptmann schien der verantwortliche Offizier zu sein.

»Warum bringt euch euer Zug nicht bis zu den amerikanischen Linien?« fragte er uns. Er war so eine Mischung von einem alten Kriegsveteran und einem freundlichen Großvater.

Ich entgegnete überrascht: »Weil sie uns sofort töten würden!«

»Ach, Unsinn! Kein Soldat wird euch Jungen töten!«

»Doch, doch, ganz bestimmt!« versicherte ich ihm. »Wir haben solche Berichte gehört und auch Filme gesehen! Sie werden uns umbringen!«

»Quatsch, das ist doch bloß Propaganda. Glaubt ihr wirklich an solche Märchen? Schaut euch doch mal an: Seht ihr aus wie eine Herrenrasse? Ihr seid doch kurz vorm Verhungern!«

Während er noch redete, sah ich, wie ein SS-Mann in seiner schwarzen Uniform sich hinter ihn stellte und schweigend zuhörte. Ich war zuerst darüber froh, weil dieser alte entmutigte Offizier uns sonst vielleicht den Glauben an Deutschland hätte rauben können. Der SS-Mann würde ihm schon den Kopf zurechtsetzen. Davon war ich überzeugt.

»Die Tschechen haben viele Hitler-Jungen umgebracht«, wandte Jürgen ein.

»Das ist auch ein Unterschied. Da ward ihr Feinde in einem besetzten Gebiet. Sie wollten es den Deutschen heimzahlen und haben sich euch ausgesucht. Bei den Amerikanern ist das anders. Sie werden euch nichts tun.«

Einige Soldaten versuchten verzweifelt, dem Offizier ein Zeichen zu geben, um ihn auf den SS-Mann hinter ihm aufmerksam zu machen.

»Warum sollten wir zum Feind überlaufen, wo Hitler jeden Augenblick die V3 starten wird? Dann werden wir alle verloren gegangenen Gebiete zurückerobern und ganz Europa dazu.«

Der Offizier lachte schallend los. »Das darf doch nicht wahr sein. Ihr glaubt wirklich an das Märchen von der Wunderwaffe?«

Den SS-Mann hatte er immer noch nicht gesehen. Deshalb fuhr er belustigt fort: »Adolf Hitler ist schon ein meisterhafter Schwindler! Jetzt, wo alles verloren ist, glaubt ihr ihm immer noch. Merkt ihr denn nicht . . .«

»Jetzt reichts aber!« Mit diesen Worten stellte sich der SS-Mann vor ihm auf. »Geben Sie mir Ihre Pistole«, befahl er und streckte seine Hand aus.

»Nehmen Sie Ihre dreckigen Hände weg«, schnauzte ihn der Offizier an. »Wer gibt Ihnen das Recht dazu, so mit mir umzuspringen?«

»Im Namen des Führers, Sie haben anti-deutsche Parolen verbreitet; Sie haben den Führer einen meisterhaften Schwindler genannt; Sie haben den Jungen gegenüber erklärt, Deutschland habe den Krieg verloren. Händigen Sie mir jetzt sofort Ihre Waffe aus und folgen Sie mir. Sie gehören vor ein Kriegsgericht.«

Aber der alte Hauptmann ließ sich nicht einschüchtern.

»Sie wagen es, mich zu beleidigen? Ich bin schon im 1. Weltkrieg gewesen, als Sie noch ein Baby waren. Ich war in Rußland, in Afrika und in Frankreich an der Front. Und wo sind Sie gewesen, Sie Schwarzhemd? Sehen Sie sich das an . . .!« Er holte unter seinem Schal ein Ritterkreuz heraus, das er um den Hals trug. »Glauben Sie wirklich, daß dies hier Feiglinge bekommen?«

Der SS-Mann stand unbeweglich da. Mit eiskaltem Blick fixierte er den Offizier: »Ich gebe Ihnen noch zehn Sekunden. Wenn Sie mir dann nicht folgen, erschieße ich Sie als Deserteur. Hitlers Befehl lautet: Jeder Deserteur wird erschossen.«

»Wer desertiert hier?« warf einer der Soldaten zornig dazwischen.

»Der Offizier hier! Alle haben gehört, was er gesagt hat. Das ist Verrat«, entgegnete der SS-Mann kalt.

Das war zuviel gegen die Ehre dieses alten Offiziers. Er trat schnell auf seinen Ankläger zu, als ob er ihn schlagen wollte. Blitzartig zog der SS-Mann die Pistole und feuerte auf den Offizier. Er traf ihn mitten in den Leib. Ich wollte schreien und weglaufen. Aber meine Stimme und meine Füße versagten mir den Dienst. Ich saß wie versteinert da. Wie betäubt vernahm ich einen zweiten und einen dritten Schuß. Der Offizier schien noch etwas sagen zu wollen, aber seine Lippen konnten keine Worte mehr formen. Mit beiden Händen hielt er sich den Bauch, schwankte noch einen Augenblick und sackte zu Boden.

Der SS-Mann betrachtete einen Augenblick die Mündung seiner Pistole, blies den Rauch nach Cowboy-Manier zur Seite und steckte die Pistole wieder weg.

Keiner rührte sich oder sagte ein Wort. Der tödlich verwundete Offizier lag direkt vor unseren Füßen, aber wir wagten nicht, ihn anzurühren.

»Heil Hitler.« Der SS-Mann knallte die Hacken zusammen, hob die Hand zum Hitlergruß und marschierte fort.

Jürgen und ich sprangen entsetzt auf, stürzten blindlings in Richtung auf unseren Zug, stolperten über Gepäckstücke, rannten Soldaten an, verfingen uns in Drähten der Eisenbahnanlagen, aber fanden schließlich doch unseren Zug.

Mit letzter Kraft zogen wir uns in den Güterwagen und fielen ins Stroh. Jürgen verbarg sein Gesicht in seinen Händen. Mir dröhnte

Einer der jüngeren Soldaten verteidigte Hitler. »Er bleibt für mich doch ein großer Held.«

»Du solltest diese Ansicht schnell ändern«, warnte ihn ein alter Soldat. »Sie werden noch ganz anderes von ihm reden.«

Ich hörte nich mehr hin. Der Führer, mein geliebter Führer, war tot. In meinem tiefen Schmerz verkroch ich mich in die äußerste Ecke des Waggons und weinte. Ja, ich weinte bitterlich, all meinen Schmerz weinte ich heraus. Die alte Ermahnung: »Ein Hitler-Junge weint nicht«, hatte keine Bedeutung mehr für mich. Es war alles aus. Ich war kein Hitler-Junge mehr. Der Traum war aus. Eine große Leere erfüllte mich. Ich weinte, und nichts konnte die Tränen aufhalten, die mir die Wangen herunterliefen.

12

Während unser Zug durch Österreich geirrt war, hatte Hitler in seinem Bunker in Berlin mit einem Schuß in den Mund feige Selbstmord begangen. Italienische Partisanen hatten kurz vorher Mussolini umgebracht. Einen Tag später kapitulierten die deutschen Armeen in Italien.

Als Berlin gefallen war, bedeutete das das endgültige Ende.

Zwei Tage danach fuhren wir immer noch ziellos von einem Bahnhof zum anderen. Die Dinge schienen sich aber zum Guten zu verändern. Immer wenn wir hielten, waren Soldaten in der Nähe und wir bekamen etwas zu essen. Nach fast einer Woche Hungern bekamen wir jetzt wenigstens eine Mahlzeit am Tag.

In der Nacht zum 3. Mai wankte einer der kranken Jungen zur offenen Waggontür, während wir durch ein einsames Tal fuhren. Entkräftet wie er war, fiel er aus dem Waggon und war sicher tot. Es hatte keinen Sinn, nach ihm zu schauen. Wieder einer mehr, der für Führer und Vaterland gestorben ist, dachte ich bitter. Horst, Tim, der alte Offizier und jetzt er. Würden wir noch alle dran glauben müssen, langsam aber sicher?

Das Tuckern der Räder hörte plötzlich auf und riß mich aus meinen Gedanken. Da war kein Bahnhof zu sehen, und der Zug hatte seit den Tieffliegerangriffen niemals so plötzlich gebremst. Wir beugten uns aus dem Wagen und versuchten, in der Dunkelheit irgend etwas zu entdecken. Und dann wußten wir es. Vor uns waren feindliche Truppen. Unsere Flucht war an ihrem unrühmlichen Ende.

Wir waren in der Nähe von St. Johann im Pongau, ungefähr 50 Kilometer südlich Salzburgs. Unser Zug stand auf einem Abstellgleis. Hier in der Nähe waren Gefangenenlager gewesen mit russischen und englischen Kriegsgefangenen. Die Amerikaner waren gerade in diese Gegend vorgestoßen und hatten die Gefangenen befreit.

Als die Nazis 1938 Österreich annektierten, hatten sie das Land in Ostmark umbenannt. Jetzt riß die österreichische Bevölkerung in der Freude der Befreiung überall das schwarze Hakenkreuz und den weißen Untergrund von den Fahnen. Mit einem neuen weißen Streifen über das rote Fahnentuch machten sie daraus eine österreichische Flagge. Aber gleichzeitig entlud sich auch ihr Haß gegen alles Deutsche. Als sich in St. Johann die Nachricht verbreitete, daß am Rande der Stadt ein Zug mit Hitlerjungen auf einem Abstellgleis festsaß, strömten sie zu Hunderten heraus. Mit Vorschlaghämmern, Stökken, Steinen und was sie sonst zu fassen kriegten, marschierten sie auf uns zu, um Rache zu nehmen.

Wir hörten sie schon von ferne: »Bringt die Nazis um! Tötet sie!« und sahen, wie sie den Bahndamm umzingelten.

»Reinhold!« Herr Grothes Stimme riß mich aus meiner Angst. »Reinhold, lauf, lauf zu den Amis«, schrie er. »Los, hol militärischen Schutz.« Ich weiß nicht, warum er gerade mir diesen Auftrag gab, er tat es jedenfalls.

Ich war es gewohnt, sofort zu gehorchen, und ich wollte raus aus der Falle. So sprang ich vor den verdutzten Österreichern heraus und rannte fort, ohne daß ich genau wußte, wohin. Bevor sie merkten, daß nur ein einzelner Junge herausgesprungen war und nicht eine ganze Wagenladung folgte, war ich schon außer Sichtweite.

Während ich fortstürzte, betete ich. Schon nach kurzer Zeit stieß ich auf einen amerikanischen Jeep. Es dauerte einige Minuten, bis ich den Amis klarmachen konnte, worum es ging. Aber dann lief alles blitzschnell. Während wir zum Zug zurückfuhren, gaben sie ihrem Kommandeur über Funk Bescheid.

Als wir zum Zug kamen, bot sich uns eine unwirkliche Szene. Ungefähr 30 bis 40 Meter vom Zug entfernt standen die aufgebrachten Österreicher mit alten Gewehren, Mistgabeln und Stöcken und schrien laut. Aber zwischen ihnen und dem Zug hatten sich etwa fünfzig ehemalige Kriegsgefangene, sowohl Russen wie auch Engländer, aufgestellt. Sie hatten keine Waffen, aber schienen fest entschlossen zu sein, das Leben der Deutschen zu beschützen.

Irgendwie paßte das alles nicht zueinander. Amerikaner, Russen, Engländer, das waren doch unsere Feinde! Die Russen schießen ohne Vorwarnung sofort auf euch, hatte man uns gesagt. Die Engländer wollen euer Geld. Die Franzosen sollten noch schlimmer sein, und dann erst die Amerikaner! Und jetzt riskierten diese »Feinde« ihr Leben, um uns zu retten. Während ich noch verwirrt das Bild betrachtete, tauchte amerikanische Verstärkung auf. Als die Österreicher das sahen, machten sie sich aus dem Staube.

Was hier vor meinen Augen geschah, widersprach allem, was ich für wahr gehalten hatte, und in mir begann die Überzeugung zu wachsen, daß wir völlig fehlgeleitet worden waren.

Dieser Heilungsprozeß brauchte seine Zeit. Tief eingepflanzte Vorurteile schlummerten unter der Oberfläche und brachen urplötzlich und unerwartet durch.

Es gab ja da auch immer noch Herrn Grothe. Obwohl Hitlers Tod und der Zusammenbruch des Dritten Reiches ihn hart getroffen hatten, hatte diese Tatsache ihn selbst aber nicht verändert. Jeden Morgen mußten wir diszipliniert zum Appell antreten, als sei nichts geschehen. Er war das ja so gewöhnt. Eines Morgens dämmerte es uns langsam, daß es dafür gar keinen Grund mehr gab.

»Ich habe ›Achtung‹ befohlen«, fuhr er uns eines Nachmittags an, als wir einfach so herumstanden. Wir taten so, als hätten wir ihn nicht gehört, und so schritt er auf uns zu.

»Bist du wieder der Teufel, der einen Aufstand anzettelt?« fragte er, ohne meinen Namen zu nennen.

In mir kochte es. Mir reichte es jetzt wirklich. Ich tat ganz überrascht und blickte in die Runde: »Wen haben Sie gemeint, Herr Grothe?«

»Ich habe mit dir gesprochen, du Schuft.« Seine Faust war drohend vor meinem Gesicht.

Es fiel mir schwer, ruhig zu bleiben. »Ich besitze auch einen richtigen Namen. Aber vielleicht ist er Ihnen inzwischen entfallen, da Sie mich seit langem übersehen haben. Reinhold heiße ich.«

Mit der einen Hand faßte er meine Schulter und holte mit der anderen zum Schlag aus, als ich scharf sagte: »An Ihrer Stelle würde ich das nicht tun.« So etwas hatte er noch nicht erlebt und auch nie von einem Jungen für möglich gehalten. Mitten im Schlag hielt er ein. Richard stand plötzlich hinter Herrn Grothe und zog seinen Arm herunter.

»Sie möchten doch nicht das zurückbekommen, was Sie uns angetan haben?« fragte er spöttisch.

Herrn Grothe verschlug es die Sprache, aber die anderen Jungen murmelten unterstützend ihren Beifall.

»Dumme Jungens . . .«, sagte er schließlich.

Richard war jetzt in Fahrt. »Von wegen dumme Jungens! Davon haben wir genug. Wir sind nicht mehr Ihre dummen Jungs.«

Das alles geschah schnell und spontan. Ich beobachtete erstaunt, wie der Schulleiter mit geballter Faust fortging, irgend etwas vor sich hin brummend. Ich hatte diesem Mann ewige Rache geschworen. Er hatte mich geschlagen, gedemütigt und ein Jahr lang mein Leben zur Qual gemacht. Hatte ich nicht genügend Grund, so zu reden? War ich nicht im Recht? Vielleicht; aber ich war mir nicht so sicher. Denn ich wußte, was die Bibel zum Thema Rache sagte. Dieser Mann war auch ein Mensch, trotz aller seiner Grausamkeiten.

So trieb es mich ein paar Stunden danach zu dem Waggon, in dem die Lehrer sich aufhielten.

»Schatz, steht da nicht der Reinhold vor dem Waggon?« hörte ich Frau Grothe mit ihrer schrillen Stimme ihren Mann fragen. Als Herr Grothe heraustrat, sagte er kein Wort, sondern schaute mich nur schweigend an. Als er das Schweigen nicht brach, riß ich mich zusammen und redete ihn an.

»Ich möchte mich bei Ihnen für mein Verhalten heute entschuldigen. Ich wollte Sie nicht beleidigen, sondern ich wollte mich nur nicht länger von Ihnen schlagen lassen.«

Ohne ein Wort kam er zu mir heran und legte seinen Arm um meine Schulter. Er wollte reden, aber seine Stimme versagte ihm den Dienst.

»Ihr armen, armen Kinder.« Er wollte seine Tränen vor mir verbergen und führte mich weiter vom Zug fort.

»Kannst du dir vorstellen, wie schwer es ist, die Verantwortung für eine solche Gruppe von Jungen zu tragen? Erst waren da die Partisanen, dann die Tiefflieger . . .« Eins nach dem anderen sprudelte aus ihm heraus, während wir auf und ab gingen. Ich hörte ihm nur zu. Als wir zurückkehrten, danke er mir noch einmal.

»Ach, noch eins«, sagte er. »In den Nachrichten sagte sie heute, daß wir jetzt eine Demokratie sind. Das bedeutet, daß das Volk regiert. Es gibt keine Schläge mehr. Viel Spaß damit. Mit dem Führer ging es leichter, er befahl und wir folgten. Ich kann mir nicht vorstellen, was passiert, wenn jeder tun kann, was er will. Auf Wiedersehen!«

Als ich langsam zu unserem Waggon zurückging, spürte ich, daß all mein Widerwille fort war. Mein Besuch hatte in mir einige Spannungen gelöst. Ich wußte, daß Jesu Liebe ihn durch mich erreicht hatte und auch etwas in mir verändert hatte, was ich selbst nicht geschafft hätte. Ich hatte keinen Haß mehr auf Herrn Grothe. Jetzt konnte ich sogar für ihn beten, und vielleicht konnte ich ihn eines Tages auch lieben.

Wochenlang saßen wir außerhalb St. Johanns fest. Wir bekamen zwar etwas zu essen, aber keiner wußte, was mit uns geschehen sollte. Immer wieder zogen wir durch die ehemaligen Kriegsgefangenenlager und lernten Russen, Engländer und Amerikaner kennen. Die meisten von uns hatten schon vier Jahr Englischunterricht gehabt und kamen so ganz gut klar. In der übrigen Zeit spielten wir miteinander. Wir holten Kinderspiele nach, die uns so lange verwehrt waren. Aber auch alte Stahlhelme und Munition waren unser Spielzeug, und mit der Zeit wurden wir alle richtige Experten im Entschärfen dieser Munition, alle, außer Friedrich. Er hatte zwei »linke Hände«, und wir hätten besser auf ihn achten sollen. Eines Tages, als wir wieder einmal das Schießpulver aus den Granaten herausholten, gab es eine Explosion. Fritz wälzte sich am Boden. Seine Hand war böse verbrannt.

Seine Verletzung wurde noch überschattet von einem anderen Ereignis. Ronald, einer der Jungen in unserem Waggon, starb an Cholera. Von den Österreichern erhielten wir keine Erlaubnis, ihn auf dem Friedhof zu beerdigen. So hoben wir neben dem Zug ein Grab aus und veranstalteten eine kleine Beerdigungsfeier.

Einer unserer Führer sprach ein paar Worte. Ronald sei für das Vaterland gestorben und so. Dann sagte er plötzlich: »Laßt uns beten.« Das mußte ihm ganz spontan gekommen sein. Irgendwie hatte er wohl das Gefühl, das gehöre zu einer Beerdigung. Aber dann wußte er nicht weiter. Wir sahen, wie er sich hilfesuchend in der Runde umblickte, ob ihm jemand aus seinem Dilemma heraushülfe. Ich merkte, wie Herrn Grothes Augen mich suchten. Er nickte mir zu. Ich verstand nicht, was er wollte, und nickte zurück. Dann aber hörte ich, wie er sagte: »Reinhold wird ein Gebet für Ronald sprechen.« Ich zögerte noch und war verlegen. Aber der Mann, der das Ganze leitete, folgte Herrn Grothes Vorschlag: »Komm her, Reinhold, sprich bitte ein Gebet für Ronald.« Das war erstaunlich für einen Mann, den wir als aktives Parteimitglied kannten.

Ich weiß nicht, was sie erwarteten. Aber ich ging vor, schloß meine Augen und redete mit Gott genauso, wie ich es in meinen persönlichen Gebeten zu tun pflegte. Ich betete für die anderen kranken Jungen und für uns alle.

Keiner hänselte mich, als wir nur wenige Augenblicke danach wieder mit unserer ganzen Gruppe zu dem Unterstand liefen, wo wir die Munition versteckt hatten. Eben noch waren wir wie erwachsene Christen, jetzt waren wir schon wieder bei unseren kindlichen Spielen. Aber diese Munition war gleichzeitig etwas ganz Reales für uns, denn sie war echt.

13

Wir hatten inzwischen die Kunst des Bettelns gelernt. Mit 14 Jahren waren wir gewiefte Bettler. Wochenlang waren die Kriegsgefangenenlager für uns die Versorgungsquelle gewesen. Jetzt wurden sie aufgelöst. Nur einige wenige Soldaten blieben zurück, um hier aufzuräumen. Wir hielten uns jetzt an sie und rechneten mit ihrer Großzügigkeit.

Unter den jungen englischen Offizieren hatte einer ein besonderes Augenmerk auf mich gerichtet, Hauptmann Gregg Davis. Da wir ja keine Schule hatten, kümmerte er sich um mein Englisch. Er verbesserte meine Aussprache und ließ mich lange Artikel aus den Zeitungen übersetzen. Im Gegenzug versuchte ich, ihm kleine Dienste zu erweisen, wie zum Beispiel die Schuhe zu putzen, nicht nur wegen der Lebensmittel, die er uns besorgte, sondern weil er der erste Mensch seit langer Zeit war, der sich Gedanken darüber machte, was aus mir werden würde.

Als ich eines Nachmittags in den Bergen Beeren suchte, tauchte Gregg Davis plötzlich auf. Er fing ein Gespräch über meine Zukunft an. Niemand hatte eine Ahnung, wann wir nach Berlin zurück dürften. Hauptmann Davis wußte auch, daß ich lange nichts von meinen Eltern gehört hatte.

»Was hast du vor, wenn du feststellen solltest, daß deine Eltern den Krieg nicht überlebt haben?« Er fragte das sehr behutsam, und ich wußte, wie er es meinte. Die Möglichkeit bestand ja, obwohl ich solche Gedanken immer unterdrückte. Ich zuckte nur stumm mit den Schultern.

»Könntest du dir vorstellen, mit mir nach England zu kommen?« fragte er und legte seinen Arm um meine Schulter.

»Sie meinen, Sie würden mich zu sich nehmen?« fragte ich zurück.

»Ja doch, so meine ich es, und hier ist auch für alle Fälle meine Adresse.« Er zog Papier und Bleistift aus der Tasche. »Falls du feststellen solltest, daß du kein Zuhause mehr hast, dann laß es mich wissen. Ich werde dann dafür sorgen, daß du nach England kommen kannst. Meine Frau und ich wollen dir dann Eltern sein.«

Als wir da so am Abhang saßen und unseren Zug mit den vielen Kriegsspuren unten im Tal sahen, konnte ich mir gar nicht vorstellen, wie es wäre, ein neues Zuhause zu haben. Still rollten mir die Tränen über das Gesicht. Hauptmann Davis tat so, als sähe er sie nicht. Wir saßen noch lange so da und schwiegen. Es fiel uns zwar schwer, aber schließlich mußten wir uns auf den Weg zurück ins Tal machen.

Am nächsten Tag ließ mich Herr Grothe zu seinem Waggon rufen. Ich wußte nicht warum, jedenfalls war ich mir keiner Schuld bewußt. Zu meiner Überraschung bot er mir einen Stuhl an, und sogar seine Frau lächelte mir zu.

»Reinhold«, begann er und war sichtlich bemüht, einen neuen freundlichen Umgangston zu entwickeln, »ich habe mir sehr viel Gedanken gemacht, wie wir uns alle am Leben erhalten können. Wir können hier nicht einfach herumsitzen und warten, bis die Cholera uns alle erwischt hat. Irgendwie müssen wir etwas zum Essen heranschaffen, selbst wenn wir es stehlen müßten.«

»Aber nicht mit mir, ich stehle nicht«, unterbrach ich ihn.

»Ich weiß, ich weiß«, sagte er. »Das ist aber auch genau der Grund, warum ich dich gerufen habe. Ich brauche ein paar ehrliche Jungen. Ich möchte dich bitten, drei deiner Freunde zu bestimmen, mit denen du ein Verpflegungskommando bilden kannst.«

So kam es, daß Richard, Jürgen, Werner und ich am nächsten Morgen zum nächsten Ort unterwegs waren. Um den Hals hing mir eine Geldtasche, die prall gefüllt war mit Deutscher Reichsmark. So ehrlich fühlte ich mich gar nicht; aber ich hatte andere Jungen verhungern sehen, und ich war bereit, alles zu tun, damit dem Rest von uns das gleiche Schicksal erspart blieb.

Unser erster Versuch war ein einziger Fehlschlag. Voller Mut und Zuversicht waren wir in den Ort gezogen mit seinen engen, kopfsteingepflasterten Straßen. Wir appellierten an die Gutmütigkeit der Geschäftsleute. Aber niemand wollte den Deutschen etwas verkaufen, geschweige denn schenken.

Als wir durch die Straßen zogen, ging plötzlich im 2. Stock eines Hauses ein Fenster auf. Eine Frau schaute heraus und rief: »Ihr Braunhemden – Nazis, ihr wagt es, zurückzukommen und uns zu belästigen?«

Werner konnte nicht an sich halten und rief zurück: »Woher kam denn das ganze Übel, doch von Österreich. Euer Landsmann, Adolf Hitler, ist doch schuld an allem.« Uns tat es gut, das einfach mal sagen zu können, nur – wir bekamen so noch weniger etwas zu essen.

Nachdem wir jede Bäckerei und jeden Lebensmittelladen im Ort erfolglos abgeklappert hatten, wurde mir am Ende klar, daß unsere Uniformen abstoßend wirken mußten. Die Braunhemden und die schwarzen Hosen riefen bei den Österreichern zu viele Erinnerungen wach. Unsere Abzeichen hatten wir längst alle abgerissen und sie bei den Kriegsgefangenen gegen Lebensmittel eingetauscht. Aber die Vorstellung von marschierenden Nazis, Koppelschlössern und Schulterriemen war noch zu lebendig.

»Wir brauchen unbedingt Zivilkleidung, und ich weiß auch, wo wir welche finden«, sagte ich zu meiner Truppe. Wir machten uns auf den Weg zum englischen Lager.

Hauptmann Davis war noch da, und er versorgte uns mit einem Arm voll Hemden, Hosen und Jacken. In einige Kleidungsstücke hätten zwei kräftige Bauern gepaßt, aber wir suchten solange, bis wir etwas einigermaßen Passendes gefunden hatten. Wir hatten einen Riesenspaß, weil wir so urkomisch aussahen.

Gregg Davis schlug uns vor: »Laßt uns die Uniformen gleich verbrennen.«

Das hörte sich wie ein harmloser Vorschlag an, aber wie würde Herr Grothe darauf reagieren? Bevor wir noch viel sagen konnten, hatte Hauptmann Davis schon alle Sachen auf einen Haufen geworfen und Schießpulver aus einem Beutel darüber geschüttet.

Als wir das Feuer beobachteten, war uns klar, was er damit bezwekken wollte. Wie stolz war ich das erste Mal in der Uniform durch die Straßen marschiert, die Siegesrune und das Hakenkreuz hatte ich geliebt und verehrt. Jedes dieser Symbole hatte seine spezielle Bedeutung und sollte uns eine siegreiche Zukunft versprechen, einen Sieg über die ganze Welt. Wie mit verschleiertem Blick nahm ich wahr, daß dieser Traum sich in den Flammen und dem Rauch zerlumpter, schwarzer Hosen und verfilzter Braunhemden auflöste. Ich spürte, wie in diesen Flammen ein wichtiger Abschnitt meines Lebens endete, und ich fühlte mich betrogen, verraten und mißbraucht. Ich hatte Adolf Hitler fast wie meinen Vater geliebt, aber langsam dämmerte mir, daß diejenigen recht hatten, die ihn einen raffinierten Betrüger, einen Lügner und Scharlatan genannt hatten. Vor den Soldaten hatte ich unseren Glauben an ihn noch verteidigt, aber sie hatten es besser gewußt. Das Heldenbild, das ich von Adolf Hitler hatte, zerfiel, wie das Feuer vor mir, zu Asche.

Was blieb mir eigentlich noch übrig, außer der freundlichen Hand auf meiner Schulter und dem Versprechen: »Meine Frau und ich wären bereit, die Stelle deiner Eltern einzunehmen. Wir würden dich adoptieren.«

Ja, und dann war da doch noch der Eine, der mich immer liebte, auch wenn ich ihn vernachlässigt hatte.

In meiner jugendlichen Phantasie wurde aus den tanzenden Flammen ein Opferfeuer, wie auf dem Altar, den Abel aufgerichtet hatte. Aber ich wollte sicher gehen, daß ein Kain mich nicht umbringen würde.

Wir trotteten zurück zu unserem Zug, mit einem neuen Lebensgefühl dank der anderen Kleidung, aber auch wohl bewußt, daß wir mit leeren Händen zurückkamen. Unsere Aufmachung zog schnell eine große Gruppe von Jungen an, und auch Herr Grothe kam angelaufen.

»Was ist los, Reinhold? Wo habt ihr etwas zum Essen?«

»Also, wir haben alles versucht, wirklich, aber . . .« und dann erklärte ich ihm das mit der Zivilkleidung und dem österreichischen Akzent, den ich versuchen wollte. Ich war fest davon überzeugt, daß wir glatt als österreichische Jungen durchgehen würden, statt als verhaßte Deutsche.

Herr Grothe war da nicht so sicher. Aber er hatte keine andere Wahl, als es uns am nächsten Tag versuchen zu lassen.

Als wir zu der ersten Bauersfrau kamen, war diese nicht zu täuschen. »Ihr seid doch diese deutschen Jungen von dem Zug draußen. Macht, daß ihr fortkommt. Wir haben nicht einmal für unsere Kinder genug zu essen.«

So erging es uns, wohin wir auch kamen. Es klappte nicht.

Hungrig, enttäuscht und voller Angst, wieder mit leeren Händen zurückzukehren, hockten wir uns am Straßenrand ins Gras. Ich schaute die Geldtasche an. Da hatte ich nun viel mehr Geld in der Hand, als ich jemals besessen hatte, und doch half es uns überhaupt nicht. Wenn wir selbst mit so viel Geld kein Essen bekamen, was konnte uns dann helfen? Ich wußte die einzige Antwort, die uns noch blieb, aber ich mochte sie nicht laut nennen.

»Ich meine, wir müssen anders an die Sache rangehen«, sagte ich schließlich zaghaft.

»Und wie?« brummte Werner unwillig.

Jürgen und Richard kannten mich besser und schauten erwartungsvoll zu mir rüber.

»Wir sollten beten, bevor wir zum nächsten Haus gehen«, platzte ich raus.

Damit hatten auch Richard und Jürgen nicht gerechnet. Sie sahen nicht gerade begeistert aus.

»Die Bauern beten doch auch alle. Sieh dir doch all diese Schreine mit den Heiligenbildern an, die überall am Weg stehen. Immer wenn sie daran vorbeigehen, halten sie an und knien nieder«, war Werners Antwort.

»Ich weiß ja, aber ich glaube an die Kraft des Gebets. Warum sollten wir es nicht wenigstens versuchen? Wir haben doch nichts zu verlieren«, sagte ich zögernd.

Wir stellten uns im Kreis auf und neigten unsere Köpfe. »Lieber Herr«, begann ich laut, »du weißt, wie hungrig wir sind, und du weißt auch, daß einige von uns krank sind. Wir bitten dich, daß du die Herzen der Bauern dort auf dem Hügel anrührst, daß sie bereit sind, uns etwas zum Essen zu geben.« Ich hatte so gebetet, wie mir zumute war. Mit neuem Mut machten wir uns auf den Weg zum nächstliegenden Bauernhof.

»Ich habe euch dort unten beobachtet. Was habt ihr da gemacht, als ihr im Kreis standet? Was habt ihr euch da angesehen?« fragte der Mann skeptisch.

Werner mußte lachen. »Wir haben gebetet«, sagte er.

Es hätte uns nicht überrascht, wenn der Bauer ebenfalls gelacht hätte. Aber nichts dergleichen geschah, sondern er nahm uns mit in seinen Vorratsraum und füllte Mehl, Zucker und Hafer in kleine Säkke.

»Das ist alles, was ich euch geben kann«, sagte er entschuldigend.

»Wieviel schulden wir Ihnen?«

Einen Augenblick dachte er nach: »Von jedem anderen hätte ich dreißig Mark verlangt. Aber ihr habt sicher um ein Wunder gebetet und dreißig Mark Bezahlung wäre sicher kein Wunder. Gebt mir fünfzehn, das ist genug.«

Wir waren natürlich einverstanden. Ich gab ihm die erforderlichen Geldscheine und bedankte mich noch einmal. Dann schnappten wir uns die Säcke und zogen schnell weiter.

Der nächste Bauer hatte uns nicht beten gesehen, aber offensichtlich hatte Gott auch zu seinem Herzen gesprochen. Er verkaufte uns Korn und Kartoffeln. Vollbepackt machten wir uns auf den Rückweg.

Keiner erwähnte Herrn Grothe gegenüber etwas von dem Gebet. Werner, Richard und Jürgen wußten nicht, was sie davon halten sollten. Für mich aber war das eine sehr wichtige Lektion. Der Glaube, den ich so leicht zu Hause angenommen hatte, mußte von mir selbst erprobt und gelebt werden.

Als ich mich an dem Abend im Waggon in meine Ecke verkroch, vergaß ich alles um mich herum und auch, daß ich weit von zu Hause fort war. Ich erlebte eine ganz neue Geborgenheit. Irgendeine Veränderung trat in mein Leben, aber ich wußte auch, ich hatte noch viel zu lernen.

Am nächsten Morgen gingen wir früh daran, uns einen Karren zu bauen. Irgend jemand hatte ein altes Fahrrad gefunden. Wir zerlegten es in alle Einzelteile, wobei wir sorgfältig auf jedes Teil und jede Schraube achteten, um sie ja nicht zu verlieren; und dann zimmerten wir uns einen Karren zusammen. Damit hatten wir den ganzen Vormittag zu tun.

Herr Grothe wurde schon ungeduldig, aber schließlich hatten wir das Ding zusammengebastelt. Nun mußten wir wenigstens nicht mehr alles selbst schleppen. Immerhin hatten wir für 90 Jungen zu sorgen.

»Sollten wir nicht lieber erst beten?« fragte Richard, als wir los wollten. Ich schaute verstohlen zu Herrn Grothe, aber der hatte das wohl nicht verstanden. »Macht schon, daß ihr loskommt, die Jungen sind hungrig.«

Richard ließ nicht locker. »Erst mußt du beten, Reini, dann geht es besser!«

Ich sprach ein kurzes Gebet, ohne Herrn Grothe anzuschauen, griff dann schnell nach dem Karren, und ab ging es.

»Hast du Herrn Grothes Gesicht gesehen?« lachte Richard. »Der wird uns jetzt das ›Himmlische-Nahrungs-Suchkommando‹ nennen.«

14

Niemand, der Europa in jenen Tagen 1945 nicht persönlich erlebt hat, kann sich vorstellen, was »displaced persons« – Heimatlose – sind. Das Ende der Feindseligkeiten hinterließ über ganz Europa verstreut Millionen von Soldaten und Zivilpersonen, die heimatlos und entwurzelt umherirrten. Viele, wie unsere Gruppe von Schülern, waren im Krieg evakuiert worden, um aus den Gefahrenzonen herauszukommen. Bei Kriegsschluß waren viele vor den anrückenden Truppen geflohen, Hunderttausende allein aus Berlin. Andere wiederum waren zu Zwangsarbeit deportiert worden oder saßen in Gefangenenlagern.

Viele Soldaten, die ihre Waffen weggeworfen hatten, wurden in Notlagern zusammengefaßt. Die Konzentrationslager wurden geöffnet und ihre Gefangenen befreit. Hunderttausende machten sich auf den Weg, um sich irgendwie nach Hause durchzuschlagen. Aber noch viel mehr wußten überhaupt nicht, wohin sie sich wenden sollten.

Als die Besatzungsmächte versuchten, die Regierungsverantwortung aufzubauen, standen sie vor schier unüberwindlichen Problemen. Das Flüchtlingsproblem war nur eines davon. In den großen Städten wie Berlin kämpften die Militärbehörden gegen die Hungersnot, gegen die Gefahr von Seuchen. Sie mußten dafür sorgen, daß die Toten beerdigt wurden, daß die einstürzenden Ruinen nicht noch mehr Menschenleben kosteten und daß den Plünderungen Einhalt geboten wurde.

Das Flüchtlingsproblem wurde noch dadurch verschärft, daß das sonst so perfekte Eisenbahnnetz Europas völlig zusammengebrochen war. Die Post arbeitete nicht. Dazu kam als härtestes Problem, daß die Siegermächte England, die USA, Frankreich und die Sowjetunion sich nicht auf eine große Linie für ihr Vorgehen einigen, geschweige denn in den vielen täglichen Details sich verständigen konnten. Europas Heimatlose stellten fest, daß sich niemand um sie kümmerte. Sie waren unerwünscht, niemand wollte sie haben.

Niemand erklärte uns, warum wir nicht nach Berlin zurück konnten, oder auch, was uns dort erwarten würde. Seit einem Monat stand unser Zug in St. Johann. Ich wußte nichts von meiner Familie. Hauptmann Davis war inzwischen nach England zurückgekehrt. Unsere Nahrungsbeschaffung hatte bescheidene Erfolge und reichte nicht aus, unseren Hunger zu stillen. Herr Grothe trieb uns täglich an, mehr Essen zu beschaffen. Unsere Behausung waren immer noch die Viehwagen unseres Zuges. Als der amerikanische Befehlshaber uns schließlich in nahegelegene Scheunen verlegte, empfanden wir das als großen Fortschritt. In den Scheunen lag frisches Heu, und wir hatten jeder genügend Platz, wenn man eine Körperbreite genügend nennen will. Sorgfältig breiteten wir unsere Decken aus und versteckten unsere Habseligkeiten, Kaugummi, Schokolade, Streichhölzer und andere Kleinigkeiten, die wir von den Soldaten bekommen hatten.

Unsere alte Gruppe aus der Villa Fragner hatte es geschafft, beieinander zu bleiben. Da waren Richard, Jürgen, Werner, und sogar der Bettnässer und Tyrann Wolfgang gehörte dazu. Wir hatten, kurz nachdem wir auf die Alliierten gestoßen waren, festgestellt, daß Wolfgang ein Dieb war. Monatelang hatte er uns in Rewnitz bestohlen. Bleistifte, Messer, Süßigkeiten fanden wir bei ihm. Wir hatten ihn von jeglichem Kontakt verbannt und nicht mehr mit ihm gesprochen. Das hörte erst auf, als wir merkten, daß er etwas vom Munitionentschärfen verstand und wir ihn brauchten, die alte Munition aufzubrechen, ohne selbst in die Luft zu gehen.

Als wir in die Scheunen umzogen, bezog Wolfgang den Platz unmittelbar neben mir. Ich war darüber gar nicht erfreut, denn mir waren seine früheren Quälereien wohl in Erinnerung. Aber alles hatte sich total verändert. Mein Ansehen in der Gruppe war gestiegen, und er war dran, zum engsten Kreis gehören zu wollen. Als ich so in meiner Ecke lag mit dem Blick zur hohen Decke, dem süßen Geruch des Heus in der Nase, spürte ich, daß es da noch immer Wunden gab, die auf Heilung warteten. Wolfgang war eine davon.

An dem gleichen Abend merkte ich, wie einige Jungen sich in einer Ecke zusammenhockten. Als ich mich zu ihnen begab, sah ich blankes Metall in ihren Händen, eine Pistole, die sie von Hand zu Hand reichten. Herr Grothe hatte uns streng verboten, irgendwelche Waffen hereinzuschleppen. Aber die Soldaten hatten sie einfach weggeworfen, überall waren Waffen und Munition zu finden.

Plötzlich zerriß ein Schuß die Stille. Richard schrie auf, griff sich an seinen Oberschenkel und fiel lang hin. Blut färbte das Heu und den Schmutz auf dem Boden. Chaos verbreitete sich unter uns. Herr Grothe hielt uns eine Strafpredigt, und dann war es wieder still. Eine der Lehrerfrauen hatte die Kugel entfernen können und hatte Richard, so gut es ging, verbunden.

Langsam dämmerte es mir, daß Richard, der der Kräftigste in unserem Verpflegungstrupp war, den Karren nicht mehr ziehen konnte. Wir mußten einen Ersatzmann finden. Wolfgang hatte den gleichen Gedanken. »Was wollt ihr jetzt machen, wenn Richard nicht mehr einsatzfähig ist?« flüsterte er mir im Dunkeln zu.

»Er wird schon wieder laufen können«, sagte ich zuversichtlich.

»Nein, ich meine morgen früh, was macht ihr morgen früh?« drängte er.

»Wir werden schon einen Ersatzmann finden.« Ich wußte, was jetzt kommen würde, und war mir nicht über meine Reaktion im klaren.

»Reinhold, ich weiß, daß ich mich schäbig benommen habe. Mir tut das auch leid. Könnt ihr mich nicht trotzdem nehmen? Ich wäre gern dabei.«

Ich schaute vorsichtig zu ihm hinüber und sah sein Profil nicht weit neben mir. Auf einen solchen Augenblick hatte ich lange gewartet, aber jetzt wagte ich nicht, ihm ins Gesicht zu sehen.

Im gleichen Augenblick dachte ich daran, daß wir den Bann bereits aufgehoben hatten und wieder mit ihm sprachen. Er wirkte an dem Tag wie wieder zum Leben erweckt, und all die Prahlerei und Feindseligkeit, die ich an ihm haßte, waren im Nu verschwunden. Der starke Wunsch, mich an ihm zu rächen, war jetzt dahin. Immer noch zögernd sagte ich: »Das läßt sich wohl machen – ich will mit Herrn Grothe reden – jedenfalls solange Richard nicht laufen kann.«

Er suchte meine Hand und drückte sie fest. »Vielen Dank, Reinhold, vielen Dank; du bist doch mein Freund!«

Ich war bewegt, aber zum Glück konnte er es im Dunkeln nicht sehen. Als er mich seinen Freund nannte, wußte ich, was er damit sagen wollte, und ich hatte das beglückende Empfinden, daß hier eine dauerhafte Freundschaft beginnen könnte.

Wolfgang wurde zu einer Bereicherung für unsere Truppe. Alles wurde in der Tat ein wenig leichter. Inzwischen konnten wir die österreichische Aussprache gut nachahmen. Vor den Bäckereien konnten wir uns unbesorgt in die Schlangen einreihen. Die Bauern kannten uns nun, und als es immer wärmer wurde, war es in der Scheune gut auszuhalten.

Aber nicht jeder gab uns ohne Schwierigkeiten von seinen Vorräten. Eines Morgens waren wir in einer Molkerei, und ich verhandelte mit dem Verwalter. Ich wollte ihm einen guten Preis für Käse oder Butter zahlen. Aber er ließ uns kalt abblitzen.

Als wir sein Büro verließen, sah Jürgen einige Kästen mit Butter dort stehen. »Mann, das wär was für uns!« Wir wußten, was er wollte. Mit Leichtigkeit hätten wir einige Pfund unter unseren Jacken verschwinden lassen können.

»Und wie würdest du das Herrn Grothe erklären?« fragte ich.

»Wir brauchen das ja nicht mitzuschleppen. Wir können die Butter doch unterwegs aufessen!«

Ich konnte das Erschrecken und den Zorn der ganzen Truppe richtig fühlen. Meinte Jürgen wirklich, wir würden Essen stehlen? Um die peinliche Stille zu überbrücken, sagte ich: »Du weißt ja nicht, was du da sagst. Wir sind ausgewählt worden, weil man uns für ehrlich hält, und du willst das Vertrauen zerstören?«

Ihm war das peinlich, und er ging mit einem Lachen darüber hinweg. Am Ende des Ganges fanden wir eine Toilette. Richard, Wolfgang und ich gingen hinein, während Jürgen draußen wartete, ich dachte, weil ihm das alles peinlich war.

An diesem Tag machten wir uns etwas früher auf den Heimweg. Unterwegs hielten wir an unserem Unterstand, in dem ein zerstörtes Flakgeschütz stand. Mit einem Mal waren wir wieder spielende Kinder und waren ganz dabei, unsere Art von Krieg zu spielen. Wir machten uns an dem Flakgeschütz zu schaffen und spielten Flugabwehr, indem wir einen amerikanischen Angriff abwehrten. Plötzlich sahen wir einen großen Fettfleck auf Jürgens Jacke. Wolfgang war der erste, der es merkte. Er packte ihn an der Jacke. »He, Mann, was ist denn das hier?« Jürgen wollte ihn abschütteln, aber Wolfgang war zu stark für ihn. Wir zogen ihm die Jacke aus und fanden ein ganzes Pfund Butter, das hatte er mitgehen lassen.

»Es tut mir leid, Reinhold, wirklich, es tut mir leid. Aber ich konnte nicht widerstehen.«

Ich wußte nicht, was ich tun sollte. Mich entsetzte sein Verhalten, und so schwieg ich und schaute ihn nur an. Jürgen drehte sich auf dem Absatz um und lief zu unserem Lager.

Als wir später nachkamen, rief Herr Grothe mich zu sich. Er war gedämpfter als gewöhnlich. Irgend etwas lag in der Luft.

»Ich weiß nicht, was du davon hältst, Reinhold. Jürgen hat mir alles erzählt, und ich habe ihm vergeben.«

Vergeben? Ich konnte mich nicht erinnern, dieses Wort je aus Herrn Grothes Mund gehört zu haben.

»Aber sei es, wie es sei«, fuhr er fort, »das war sowieso eure letzte Tour. Wir werden morgen von Bussen abgeholt und nach Deutschland gebracht. Ich weiß zwar nicht wohin, aber sicher nicht nach Berlin. Ich wollte mich auf alle Fälle bei dir bedanken. Ohne euch wären wir vielleicht verhungert.«

Jetzt war ich in Verlegenheit. Diesen Herrn Grothe kannte ich nicht. »Gern geschehen«, war das einzige, was ich herausbrachte.

Ich ging still zur Scheune zurück und lag eine Zeitlang nachdenklich auf meiner Decke. Wenn Herr Grothe Jürgen vergeben hatte, würde ich das auch tun. Das war ja alles nicht so entscheidend. Viel mehr bedeutete die Nachricht, daß wir nach Deutschland zurück sollten. Ich hatte viele Gründe zur Dankbarkeit. Viele Jungen waren in Teilnahmslosigkeit versunken, einige waren sogar gestorben. Die tägliche Suche nach Nahrung hatte meine Mannschaft gesund und am Leben erhalten. –

Die Enttäuschung folgte schnell, am nächsten Tag. Eingepfercht in alte Armeebusse rumpelten wir zwei Stunden über schlechte Bergstraßen bis kurz vor Wagrain. Immer noch waren wir in Österreich. Weit entfernt von der deutschen Grenze kamen wir wieder in alte Armeebaracken. Sie waren kalt und unfreundlich. Drinnen war kein einziges Möbelstück, aber überall krabbelte Ungeziefer, wie wir bald merkten.

Ohne die Aufgabe, für Lebensmittel zu sorgen, hatten wir nichts zu tun. Wir hingen herum, entlausten und langweilten uns. Ich glaube, daß diese Tatsache schuld war, daß ich mich eines Abends einigen Jungen anschloß, die bei einem Bauernhof Äpfel stehlen wollten.

Als alles dunkel war, hängten wir ein Fenster aus, stiegen hindurch und rannten barfuß und nur mit dem Nachtzeug bekleidet zu dem 200 Meter entfernten Obstgarten. Unsere Hosenbeine hatten wir unten zugebunden und packten dort alle Äpfel hinein. Langsam trotteten wir zurück. Jetzt aber kam die Schwierigkeit, mit den Äpfeln in der Hose wieder durch das Fenster zu krabbeln. Einige Äpfel polterten auf den Holzfußboden. Wir waren gerade alle durchgestiegen, da ging plötzlich am einen Ende des Raumes das Licht an. Wo wir auch waren, wir warfen uns hin und suchten alle erreichbaren Decken zum Zudecken und taten so, als schliefen wir. Herr Grothe mußte zur Toilette und suchte sich seinen Weg. Er merkte nichts. Als er durch war, krabbelten wir schnell in unsere Ecke. Wolfgang flüsterte, als wir dort waren: »Wir hätten glatt gelogen.«

»Was?« stotterte ich, obwohl ich wußte, was er sagen wollte.

»Na klar, du hättest auch gelogen, wenn er uns erwischt hätte.«

»Und was hätten wir gesagt, etwa daß wir die Äpfel aus Steinen gemacht haben, so wie Zauberer?«

»Nein, wie Jesus, Steine zu Brot.«

Er hatte das witzig gemeint und lachte. Mich traf es tief. Wie Jesus! Ich kannte die Geschichte. Der Teufel hatte Jesus in Versuchung gebracht, indem er ihn aufforderte, Steine in Brot zu verwandeln. Jesus aber hatte lieber gehungert, als dem Drängen des Teufels nachzugeben. Mehr noch, ich wußte, er hätte nie Äpfel gestohlen.

»Wolfgang, willst du meine Äpfel haben?« fragte ich unvermittelt.

»Bist du verrückt? Du hast mit uns geklaut, und wenn wir erwischt worden wären, hättest du auch mitgehangen.«

Ich lag wach und konnte keinen Schlaf finden. Die gestohlenen Äpfel lagen an meiner Seite. Mein Gewissen plagte mich.

»Jürgen?« Ich drehte mich auf die andere Seite und flüsterte: »Schläfst du schon?«

»Klar, und ich schnarche schon«, kam es grimmig zurück.

»Wir haben Äpfel geklaut, als wir draußen waren!«

»Ich hab's gemerkt.«

»Warum hast du nicht mitgemacht?« fragte ich und wußte doch die Antwort schon.

»Erinnerst du dich an die Sache mit der Butter?« kam es zurück.

Ich habe bestimmt einen roten Kopf bekommen, so schämte ich mich. Wie gut, daß es dunkel war! Welch ein Pharisäer war ich doch! Wie selbstgerecht war ich Jürgen, Wolfgang und Herrn Grothe gegenüber gewesen! Wie konnte ich das jemals erklären? Würden sie mich verstehen können? Wer konnte das sagen. Ich kroch leise bis in die Mitte des Raumes und legte meine Äpfel dort auf einen Haufen. Mir war egal, wer sie essen würde. Irgendwie wollte ich mich von der Sache reinwaschen.

Das erste, was ich am nächsten Morgen hörte, waren Herrn Grothes verwunderte Ausrufe: »Ein Wunder ist geschehen! Eigentlich dürften Äpfel nur direkt unter dem Baum liegen, von dem sie gefallen sind.« Er nahm sich drei oder vier. Ein fünfter rutschte ihm wieder aus der Hand.

»Schüttelt nur kräftig weiter, Jungens, ich bin gleich zurück.«

Gleich tauchten auch zwei andere Lehrer auf, und so waren die Äpfel bald verschwunden.

Als die Lehrer wieder fort waren, ging eine Erleichterung durch alle. Die meisten der Jungen lachten. Jürgen schaute mich verwirrt an. Ich beugte mich zu ihm rüber. »Sei bitte nicht böse«, flüsterte ich. »Es gibt noch Ehrlichkeit in der Welt.«

»Wo und bei wem, bitte schön?« spottete er.

»Bei meinem Vater zum Beispiel«, platzte ich heraus.

»Aha, so!« und er schaute mich skeptisch an.

»Schau, Jürgen, du hast damals die Butter genommen, weil du hungrig warst; wir haben aber die Äpfel heute nacht gestohlen, weil es uns Spaß machte; und das ist viel schlimmer.«

Ich sah, daß er ganz verwirrt und noch nicht damit fertig war. »Es geht auch nicht so sehr um die Butter oder die Äpfel«, sagte er langsam. »Was mich beschäftigt sind die Lehrer; sie wußten doch genau, daß die Äpfel gestohlen waren. Sollten wenigstens nicht sie ehrlich sein?«

Da endlich wußte ich, was ich sagen mußte. Es gab nur eine richtige Antwort.

»Du hast recht. Das gilt sicher auch für meinen Vater. In seinem Leben gab es sicher auch Augenblicke, in denen er nicht ehrlich war. Das trifft doch auch auf uns alle zu. Es gibt nur einen, der uns niemals enttäuscht – Jesus Christus.«

Ich war gespannt, wie er darauf reagieren würde, aber er schien darauf zu warten, daß ich fortfuhr:

»Jesus sagt: Ich bin der Weg, die Wahrheit und das Leben. Wenn er die Wahrheit ist, dann ist er auch ehrlich, stimmts?«

»Steht das in der Bibel?«

»Ja, ich weiß zwar nicht genau wo, aber ich habe den Vers in der Sonntagsschule gelernt und glaube ihn.«

»Ich bin nie in der Sonntagsschule gewesen«, sagte er still, »aber ich glaube das auch.«

15

Es war zu Beginn des 3. Schuljahrs. Unser Religionslehrer erklärte uns, daß er im Unterricht nicht mehr von dem grausamen Judengott lehren wolle und auch nicht von dem schwächlichen, sanften Jesus. Er wolle uns von unseren ursprünglichen Gottheiten, Thor, Zeus und anderen berichten. Es gehe im Lehrplan um die alten germanischen Götter, die zu unserem kulturellen Erbe gehörten. Ich war entsetzt. Obwohl ich ja noch sehr jung war, wußte ich, das ging zu weit.

Dies war wohl mein erstes Erlebnis mit der Lehre von der germanischen Herrenrasse. Das Dritte Reich nützte jede Möglichkeit aus, die sich bot, um diese Lehre zu verbreiten. Bei unseren montäglichen Schulungsabenden der Hitlerjugend hörten wir grausige Geschichten von jüdischen Barbareien. Offizielle Reden, Zeitschriften, Zeitungen, Bilder, ja auch Gesetze und Verordnungen der Regierung, alle trommelten immer wieder das gleiche Thema von der reinen, starken und überlegenen arischen Rasse, und immer wurde es in Gegensatz zu den schwachen, degenerierten und minderwertigen Rassen der Juden und der Schwarzen gesetzt.

Als das Hitler-Deutschland zusammenbrach, zerbrach auch die Legende von der überlegenen Herrenrasse. Noch aber mußte ich begreifen, wie tief dieses Denken sich in mir verwurzelt hatte. Aber ich spürte auch, daß da noch Raum war für Gottes Gnade und seine heilende Kraft.

Wir hatten einen richtig faulen Sommer verbracht, waren in Alpentälern herumgestromert, hatten aus eiskalten Bächen getrunken, nach Waldbeeren gesucht oder einfach im Gras gelegen und die Berge betrachtet. Unsere Mahlzeiten waren zwar nicht reichhaltig, aber immerhin regelmäßig; morgens zwei Scheiben Brot zum Frühstück, mittags eine dünne, aber schmackhafte Suppe, und abends noch einmal zwei Scheiben Brot.

Wir waren gerade beim Frühstück, als an einem Morgen im September 1945 ein Jeep bei uns vorfuhr und ein amerikanischer Offizier uns aufforderte, uns in 30 Minuten zur Abfahrt bereit zu halten.

»Ich brauche die Baracken für meine Soldaten«, erklärte er uns. Von uns aus konnte er sie gerne haben.

Eine halbe Stunde später standen zwei offene Militär-LKWs da. Alles, was von unserer Schule noch vorhanden war, Schüler, Lehrer, Decken, Bücher und ein paar andere Sachen, mußten auf die LKWs.

Erst als wir dann Richtung Salzburg fuhren, wußten wir, dieses Mal ging es wirklich nach Deutschland.

Bevor wir die Grenze erreichten, hatten wir einen kleinen Unfall. Als unser Fahrer versuchte, die Räder aus einem Graben herauszuhebeln, brach er sich den Arm. Bald schon kam ein anderer LKW, aus dem zwei riesige schwarze Soldaten heraussprangen und uns zu Hilfe kamen.

Bisher hatte ich schwarze Soldaten nur aus der Ferne gesehen, aber ich hatte viel über sie gehört. In unserem politischen Unterricht hatten wir grausame Geschichten über ihre abscheulichen Gewalttätigkeiten, über Menschenopfer und Teufelsanbetungen gehört. Gespannt beobachteten wir die Männer. Zunächst verbanden sie den verletzten Fahrer und legten seinen Arm in eine Schlinge. Dann trugen sie ihn zu ihrem Wagen. Anschließend hingen sie unseren LKW an eine Kette und zogen ihn aus dem Graben. Während der ganzen Zeit plauderten sie fröhlich und freundlich in ihrem amerikanischen Kauderwelsch miteinander.

Wieder einmal merkten wir, wie wir belogen worden waren, und langsam verwandelte sich unsere Furcht in Bewunderung. Was waren das für prächtige Menschen, und wir waren gelehrt worden, wie hassenswert sie seien! Wie lange würde es dauern, vielleicht mein Leben lang, bis diese Propaganda aus meinem Herzen und meinen Gedanken verschwunden sein würde.

Kurze Zeit später waren wir auf deutschen Boden. Immer und immer wieder riefen wir »Deutschland, Deutschland«, so als ob wir dadurch verhindern wollten, daß Deutschland plötzlich wieder verschwinden würde.

Wir hatten inzwischen gehört, daß Deutschland in Trümmern lag, die Städte ausgebrannt waren und überall Armut herrschte. Aber in diesem entlegenen Teil Bayerns war alles heil, blauer Himmel, auf den Weiden friedlich grasendes Vieh und herrliche Blumen, die sich im Wind bewegten. Noch waren wir nicht zu Hause, und doch war es der schönste Augenblick seit langer, langer Zeit.

Unser Ziel war Tyrlaching. Dieser Ort hatte den Nazi-Befehl zur Verteidigung gegen die Amerikaner nicht befolgt. Die Einwohner hatten, als die Amerikaner kamen, weiße Bettlaken aus den Fenstern gehängt, um ihre Kapitulation anzuzeigen. Aber die amerikanischen Soldaten haben sich nicht als Befreier aufgeführt. Sie weigerten sich, bettelnden Kindern etwas zum Essen zu geben. Sie trieben mit ihren Autos die Pferde der Bauern von der Straße und waren insgesamt wenig freundlich. Einen besonderen Stich versetzten sie den Leuten, als sie den Dorftanzsaal in einen Stall verwandelten.

Dieser »Stall« wurde nun unsere neue Unterkunft. Der penetrante Geruch des Dungs hing noch in dem Raum, aber wir hatten seit langem das erste Mal wieder richtige Betten, und wir hatten seit Monaten wieder eine richtige Mahlzeit. Der Besitzer des Gasthauses holte uns alle in das Restaurant und ließ uns an den Tischen Platz nehmen. Wir hatten beinahe vergessen, wie es war, von richtigem Geschirr zu essen. Er versicherte uns, daß wir drei gute Mahlzeiten pro Tag erhalten sollten.

Während er noch weitere Ansagen machte, gingen meine Gedanken ganz woanders hin. Drei regelmäßige Mahlzeiten, satt zu essen, ein Tisch, ein Bett. Was bedeutete es da schon, daß wir in einem Stall schliefen. Jesus wurde in einem Stall geboren und hatte kein richtiges Bett. In dieser Nacht fühlte ich mich ihm sehr nahe. Ich las in der Bibel und betete. Dies war der erste und überaus ereignisreiche Tag, zurück in Deutschland.

Hitlers Geburtstag, der 20. April, war immer ein großer Feiertag gewesen. Alle Bürger Berlins und andere, die es möglich machen konnten, trafen sich dann vor der Reichskanzlei in der Wilhelmstraße. Militärkapellen, Paraden und große Reden prägten den Tag. Irgendwann erschien dann Hitler, wie der Papst, auf einem kleinen Balkon, um den Massen zuzulächeln und ihre Ovationen in Empfang zu nehmen.

»Heil, Heil, Heil«, dröhnte es zu ihm empor.

Ich entsinne mich sehr gut, wie ich als Junge dort war, um auf den Schultern meines Vaters sitzend irgend etwas vom Führer zu sehen. Was gab es Beeindruckenderes für einen kleinen Jungen!

Viele haben versucht, den Einfluß Hitlers auf die Menschen zu erklären.

Man schrieb über seinen hypnotischen Blick, seine Anziehungskraft. Zweifellos hatte er die Seele einer verwundeten Nation am Beginn der dreißiger Jahre erreicht und ein gottähnliches Bild von sich selbst aufgebaut.

Nachdem ich mehr und mehr die Wahrheit über Hitler erfuhr, war mir doch noch nicht klar, wie tief in mir Zorn, Verzweiflung und Enttäuschung brodelten. Das aber mag hinter meinem Verhalten verborgen gewesen sein, das ich an einem Nachmittag im September zeigte.

Im Nachbarort war ein Jahrmarkt, den wir mit unserer alten Truppe aufsuchten. Eine Gruppe junger Bayern wartete auf uns, als wir aus dem Karussell stiegen. Ohne Vorwarnung schlugen sie uns zusammen, während eine Gruppe Mädchen lachend zusah. Sie waren in der Überzahl, und deshalb konnten wir uns nur wütend nach Tyrlaching zurückziehen. Aber wir hatten keine Lust, schon zu unserem Stall zurückzugehen. Wir blieben unterwegs an einem Teich und reagierten uns dadurch ab, daß wir Steine in den Teich warfen.

Ich weiß heute nicht mehr, wer zuerst die Idee hatte, aber wir sahen die Katze gleichzeitig, umzingelten und fingen sie.

»Los, die skalpieren wir!« rief Werner. In der letzten Zeit hatten wir häufig Trapper und Indianer gespielt. Schließlich hatten wir wie jeder Junge Karl-May-Bücher gelesen. Stundenlang hatten wir die Geschichten vom Kampf der Indianer nachgespielt.

»Blöd, die hat dafür nicht genug Haare.«

»Dann schneiden wir ihr die Barthaare ab.«

Das war einleuchtend. Mit Jürgens Taschenmesser trimmten wir die Barthaare, während die Katze jämmerlich miaute.

»Die sieht ja aus wie Adolf Hitler.«

Alle schauten noch einmal verwirrt die Katze an und lachten schallend los.

»Tatsächlich, und sogar ein Braunhemd hat sie an«, fügte Richard hinzu.

»Los, wir ertränken sie.«

Die Worte waren mir entfahren, bevor ich wußte, was ich gesagt hatte. Ein alter Sack lag in der Nähe, und obwohl er einige Löcher hatte, schafften wir es, die Katze darin einzubinden. Noch ein paar Steine hinein, und dann warf sie Wolfgang, so weit er konnte, in den Teich. Einen kurzen Augenblick schwamm das miauende Bündel und versank langsam. Wir begleiteten das mit lautem Gejohle. Plötzlich aber tauchte ein nasser, brauner Kopf wieder auf. Hitler war frei!

Wie irre sammelten wir Steine und bombardierten die herannahende Katze. Mich packte eine unwirkliche Angst. Was wäre, wenn Hitler zum Ufer schwamm und uns angriff? Ich sah die schwarzen Reste der Barthaare und das braune Hemd näher und näher kommen. Wie ein Wahnsinniger warf ich einen Stein nach dem anderen, bis einer die Stirn der Katze voll traf. Einen Augenblick war sie noch zu sehen, dann versank sie ohne eine weitere Bewegung.

Noch voller Entsetzen wandte ich mich Richard, Wolfgang, Werner und Jürgen zu. Sie tanzten einen indianischen Kriegstanz. Für sie war das nur ein Spiel, ein Spiel, bei dem sie ihre Gefühle abreagieren konnten. Aber für mich war dieser herzlose Akt kein Spiel mehr gewesen. Ich hatte bewußt den Schnurrbart und das Braunhemd ertränkt. Ich hatte hier den schnurrbärtigen Hitler symbolisch umgebracht, und ich empfand keine Reue dabei.

Immer hatte ich Katzen geliebt, aber in diesem Fall hatte ich mich von meinen inneren Schmerzen, von meinen Enttäuschungen befreit, die Hitler mir zugefügt hatte. Er hatte mich verraten, mich betrogen, und dafür mußte die Katze sterben.

Ich starrte immer noch aufs Wasser, als die anderen aufbrechen wollten.

»Kommst du?«

»Nein, aber geht schon, wartet nicht auf mich.«

»Die kommt nicht wieder hoch.«

Ich wußte das, aber immer noch starrte ich ihr nach. Als ich mich über das Wasser beugte, sah ich das Gesicht eines 14jährigen deutschen Jungen. In Filmen hatte ich gesehen, wie Mörder ihr eigenes Bild nicht ertragen konnten, aber mir machte es nichts aus. Ich war kein Mörder. Ich hatte getötet, ja. Aber ich hatte dabei ein gutes Gefühl, denn jetzt war der Bann Hitlers in meinem Leben gebrochen, ein für alle Mal.

16

Wir hatten uns sehr schnell an die drei guten Mahlzeiten pro Tag gewöhnt. Die Zeit, in der wir nichts zu essen gehabt hatten, lag wie ein böser Traum hinter uns. Ende September aber wurden die Tage kürzer und kälter. Wir benötigten dringend warme Kleidung. Unsere Lehrer fragten den amerikanischen Ortskommandanten, den Bürgermeister, die Dorfbewohner, aber keiner konnte oder wollte helfen.

In jenen Tagen las ich viel in der Bibel. Die Klassenkameraden hatten den religiösen »Fanatiker« inzwischen akzeptiert, und niemand hänselte mich deswegen. Ein Grund war, daß Richard, der der Größte unter uns war, zu meinem Verteidiger geworden war. Wenn irgend jemand eine unfreundliche Bemerkung über mein Bibellesen machen wollte, dann bedurfte es nur eines scharfen Blicks von Richard, und der Beleidiger zog sich schnell zurück.

Eines Abends meinte Herr Grothe, wir sollten den Versuch machen, nach Hause zu schreiben. »Ich weiß nicht, ob es überhaupt irgendwelche Postverbindungen nach Berlin gibt, aber wir sollten es auf alle Fälle versuchen.«

Ich hatte alle Briefe, die ich in der Tschechoslowakei erhalten hatte, sorgfältig aufbewahrt. Den letzten Brief hatte ich vor sechs Monaten erhalten. Von meinem Vater hatte ich überhaupt nur die Feldpostadresse, aber das war vorbei. So adressierte ich den Brief an meine Mutter nach Berlin. An dem Abend habe ich besonders intensiv darum gebetet, daß Gott mich meine Eltern finden lassen möge. Lange blätterte ich in der Bibel. Ich suchte nach irgendeinem Trost, nach irgend etwas, das mich im Augenblick besonders ansprach. Ich blieb beim 6. Kapitel des 1. Korintherbriefes hängen:

»Alles ist mir erlaubt, aber nicht alles ist heilsam. Alles ist mir erlaubt; aber ich darf mich von nichts beherrschen lassen.«

Das hatte mir wenig zu sagen, so las ich weiter:

»Der Leib dagegen ist nicht für die Unzucht, sondern für den Herrn ... Wißt ihr nicht, daß eure Leiber Christi Glieder sind?«

Ich las weiter, obwohl mir das alles nichts sagte.

»Wer aber am Herrn anhängt, ist ein Geist mit ihm. Fliehet die Unzucht. Jede andere Sünde, die ein Mensch begeht, ist außer dem Leibe; der Unzüchtige aber sündigt gegen seinen eigenen Leib. Oder wißt ihr nicht, daß euer Leib ein Tempel des heiligen Geistes in euch ist, den ihr von Gott habt, und daß ihr nicht euch selbst angehört? Denn ihr seid teuer erkauft worden, so verherrlicht nun Gott mit eurem Leibe!«

Enttäuscht legte ich meine Bibel wieder weg. Aber dann begann der Text doch zu mir zu sprechen. Ich hatte viel Unmoral um mich herum erlebt. Wir hatten auf engstem Raum 24 Stunden am Tag miteinander gelebt, und ich hatte oft Homosexualität unter den Jungen beobachtet. In Tyrlaching schien es dafür keine Hemmungen mehr zu geben. Was sich im Waschraum abspielte, ließ mich immer schnell die Flucht ergreifen.

Die Gedanken gingen mir noch durch den Kopf, als Herr Grothe das Licht löschte. Von seinem Bett aus über mir flüsterte Jürgen mir etwas zu. Ich krabbelte zu ihm aufs Bett, um die Unterhaltung weiterzuführen, aber ich bemerkte nicht seine eigentümliche Freundlichkeit. Obwohl er mich nicht unzüchtig berührte, wurde mir die prekäre Situation bewußt, als er fragte: »Was würden unsere Eltern wohl sagen, wenn sie uns so sehen würden.«

War ich denn völlig blind gewesen? Hatte mich meine lange und harmlose Freundschaft mit Jürgen völlig eingelullt, so daß ich in meinem Vertrauen die Warnzeichen nicht wahrgenommen hatte?

Ohne ein weiteres Wort rutschte ich von seinem Bett, zog die Decke von meinem Bett und suchte mir ein anderes leerstehendes Bett in der äußersten Ecke des Raumes.

»Was ist denn los, Reinhold, he, wohin gehst du?«

Ich zog mir die Decke über den Kopf, um ihn nicht zu hören. Ich zitterte am ganzen Körper. »Meidet die Unzucht«, kam es mir wieder in den Sinn. Das hatte ich getan und meine Freundschaft mit Jürgen aufs Spiel gesetzt. »Ehret Gott mit eurem Leib.« Das wollte ich tun, in jedem Fall. Manchmal war das wirklich schwer.

Am nächsten Tag blätterte ich wieder in der Bibel. Ich suchte eine Bibelstelle, die ich in Erinnerung hatte. Im Römerbrief fand ich sie schließlich:

»Sie wissen Gottes Gerechtigkeit, daß, die solches tun, des Todes würdig sind, und tun es nicht allein, sondern haben auch Gefallen an denen, die es tun.« Paulus schrieb das von Männern, die gegeneinander mit Begierde entbrannten, so daß Männer mit Männern Schande trieben.

Als ich das las, merkte ich, wie das Bibellesen nicht nur ein Zeitvertreib war. Jahrelang hatte ich die Unterweisung durch meinen Vater, durch andere Pastoren oder Sonntagsschullehrer erlebt. Was sie sagten, hatte ich versucht zu befolgen. Wie oft hatte ich meinem Vater zugehört und sein Verständnis der Bibel bewundert. Er schien immer das richtige Bibelwort zur rechten Zeit parat zu haben. Die Bibel schien fester Bestandteil seines Lebens zu sein. Selbst dann, wenn er mir Bibelstellen vorlas, schien er sie aus seiner tiefen Erfahrung ans Licht zu bringen. Er hätte sich sicher über meine Erfahrung gefreut. Aber plötzlich wurde mir bewußt, daß ich ihm das ja gar nicht erzählen konnte: wo mochte er jetzt wohl sein?

Eines Morgens im Oktober traf eine der Mütter aus Berlin bei uns ein. Sie brachte eine Bittschrift mit, die viele Mütter unterschrieben hatten, die ihre Söhne zurückhaben wollten. Wir umringten sie und wollten wissen, welche Namen auf ihrer Liste waren. In den zurückliegenden Wochen war ab und an ein Brief durchgekommen. Ich hatte allerdings keine Post erhalten. Mit Spannung las ich die Liste durch, und dann sah ich es, »Hedwig Kerstan«! Mir verschwamm die Schrift vor meinen Augen. Meine Augen füllten sich mit Tränen. »Sie lebt, meine Mutter lebt!« sagte ich unter Tränen. Immer und immer wieder sagte ich mir das vor. Ich war nicht mehr allein, nicht mehr vergessen! Etwa ein Dutzend Jungen waren schon von ihren Eltern abgeholt worden. Jedesmal hatte ich meine Zähne zusammengebissen, um nicht vor Enttäuschung zu weinen. Dieses tägliche Warten zerrte an den Nerven. Jetzt war das vorbei, die Welt wurde heller, trotz des Tränenschleiers vor meinen Augen.

»Nehmen Sie mich mit . . . zurück nach Berlin«, bedrängte ich die Frau, die die Bittschrift gebracht hatte.

»Das kann ich nicht. Aber diese Liste bekommen die Militärbehörden. Sie werden dich bald gehen lassen.«

Sie verstand mich einfach nicht. Die Militärbehörden hatten uns ja erfaßt, Fingerabdrücke genommen und auf unseren Papieren den Vermerk gemacht, daß wir Tyrlaching nicht verlassen durften. Wenn mich nicht jemand entführen würde, hatte ich keine Chance, dachte ich. Nach dem ersten Glücksgefühl war das ein schwerer Schlag. Aber ich konnte mich wenigstens mit der Gewißheit trösten, daß meine Mutter lebte.

Am nächsten Morgen waren die Frau und ihr Sohn schon fort, bevor ich mich auch nur verabschieden konnte. Aber dieses Mal blieben weder Schmerz noch das Gefühl der Einsamkeit zurück. Ich hatte jetzt wieder eine Hoffnung, ganz egal, wie lange ich noch warten mußte.

Es war einige Zeit später. Wir spielten gerade Trapper und Indianer, als an einem Nachmittag wieder zwei Mütter eintrafen, um ihre Söhne abzuholen, und es hieß, sie würden noch einige andere mitnehmen. Dieses Mal wollte ich mich nicht verrückt machen lassen. Immer noch lebten 30 bis 40 Jungen in unserem Lager. Da hatte ich keine große Chance. Ich kannte diese Mütter ja nicht, und ich ging ihnen auch aus dem Weg. Die tränenreichen Wiedersehensszenen verstärkten nur meine Sehnsucht. Noch einmal wollte ich keine Enttäuschung erleben. Beim Abendessen aber konnte ich doch nicht widerstehen, einen Blick auf die Liste zu werfen, aber weder mein Name noch der meiner Mutter war darauf zu finden. Wie benommen saß ich beim Abendessen. Innerlich aber war alles in mir in Aufruhr. Da hatte ich nun jeden Tag darum gebetet, nach Hause zu können. Warum antwortete Gott nicht? Irgendwie fielen mir immer wieder Abschnitte aus dem 73. Psalm ein. Mein Vater hatte darauf bestanden, daß wir ihn auswendig lernten, jetzt wußte ich auch warum:

Gott ist dennoch Israels Trost
für alle, die reines Herzens sind.
Ich aber wäre fast gestrauchelt mit meinen Füßen;
mein Tritt wäre beinahe geglitten.
Denn ich ereiferte mich über die Ruhmredigen,
als ich sah, daß es den Gottlosen so gut ging.
Denn für sie gibt es keine Qualen,
gesund und feist ist ihr Leib.
Sie sind nicht in Mühsal wie sonst die Leute
und werden nicht wie andere Menschen geplagt.
Darum prangen sie in Hoffart
und hüllen sich in Frevel.
Sie brüsten sich wie ein fetter Wanst,
sie tun, was ihnen einfällt.
Sie achten alles für nichts und reden böse,
sie reden und lästern hoch her.
Was sie reden, das soll vom Himmel herab geredet sein;
was sie sagen, das soll gelten auf Erden.
Darum fällt ihnen der Pöbel zu
und läuft ihnen zu in Haufen wie Wasser.
Sie sprechen: Wie sollte Gott es wissen?
Wie sollte der Höchste etwas merken?
Siehe, das sind die Gottlosen;
die sind glücklich in der Welt und werden reich . . .

Weiter wußte ich nicht mehr, nur daß der Schreiber sich bei Gott beschwerte, daß er seine Hände und sein Herz immer rein gehalten habe, aber alles umsonst zu sein schien, weil es denen so gut ging, die sich genau gegenteilig verhalten hatten. Ja, ich habe es versucht, aber ...

»Kerstan!« Herrn Grothes Stimme fuhr schneidend in meine Gedanken. »Heißt du nicht so? Kerstan?«

»Ja«, stotterte ich. So redete er mich für gewöhnlich nicht an.

»Also, dann komm her und stell dich hier zu diesen Frauen.«

Mich durchfuhr es, also war ich doch ausgewählt worden. Ich sprang auf und stürzte vor.

»Werde ich mitgehen, nehmen Sie mich mit?« Sie lachten, weil sie die ganze Zeit davon gesprochen hatten, während ich den Gedanken über den Psalm nachhing.

»Ja, Reinhold, du kommst mit.« Frau Bilker legte den Arm auf meine Schulter. »Wir haben es deiner Mutter versprochen.«

Ich schloß meine Augen und öffnete sie wieder langsam, um mich zu vergewissern, daß die Frauen noch da waren. Der lang ersehnte Tag war da, aber ich spürte mehr eine Erleichterung als jubelnde Freude und war mir gleichzeitig bewußt, daß andere zurückbleiben mußten, ohne zu wissen, wie lange noch.

Den Abend verbrachten wir damit, Pläne zu machen, wann wir aufbrechen, welchen Weg wir nehmen wollten, welche Vorbereitungen wir noch treffen mußten und was wir bei den Kontrollen sagen und nicht sagen durften. (Wir hatten ja keine ordentlichen Papiere und konnten sehr leicht bei einer ersten Kontrolle wieder zurückgeschickt werden.) Der nächste Tag war der 31. Oktober. Den ganzen Tag über versuchten wir, zu ruhen und Kräfte für die Reise zu sammeln. Als es dunkel wurde, standen wir auf.

17

War ich wirklich auf dem Weg nach Hause? Wie weit würden wir ohne richtige Papiere kommen? Heute kann man auf der Autobahn von Tyrlaching in acht Stunden nach Berlin fahren. Bei etwas Glück rechneten wir damals mit fünf oder sechs Tagen, wenn wir es überhaupt schafften! Wir waren insgesamt neun – Frau Bilker, Frau Bekker, ihre Söhne und noch fünf andere Jungen – als wir um Mitternacht aufbrachen, um im Morgengrauen Laufen zu erreichen. Wir waren kaum da und hatten gerade Fahrkarten gekauft, als die amerikanische Militärpolizei auch schon zur Paßkontrolle erschien. Die beiden Frauen konnten kein Wort Englisch. Sie zeigten den Polizisten die Fahrkarten, hielten ihnen die Vollmacht unserer Mütter unter die Nase und redeten munter auf sie in deutscher Sprache ein. Die Amerikaner konnten kaum ein Wort davon verstehen.

Zur gleichen Zeit gingen mir die Worte des 23. Psalms durch den Kopf.

»Der Herr ist mein Hirte,
mir wird nichts mangeln.
Er weidet mich auf grüner Aue.«

Als ich sie mir vorsagte, fühlte ich mich schon entspannter. Ich weiß nicht, warum das geschah, aber das machte auch nichts, nur meine Angst verließ mich nach und nach.

»Er führet mich zum frischen Wasser.
Er erquicket meine Seele.«

Schließlich gaben die MPs die Papiere zurück, lächelten, grüßten freundlich und wandten sich anderen Passagieren zu.

»Gutes und Barmherzigkeit werden mir folgen
mein Leben lang.«

»Was ist denn, Reinhold?« Richard, der mit zu unserer Gruppe gehörte, schaute mich verwundert an, als ich da so für mich hinmurmelte.

»Ach nichts, nichts. Komm, laß uns näher an die Gleise rangehen, damit wir einen besseren Platz finden.«

Wir waren frei, es ging wirklich nach Hause!

Zu dieser frühen Stunde waren auf diesem entlegenen Grenzbahnhof schrecklich viele Menschen. Lange bevor der Zug einlief, drängten sich so viele Leute auf dem Bahnsteig, daß ich dachte, die können nie mit dem Zug fort.

Wir waren schließlich mit unserer Gruppe und zehn anderen Personen in ein Abteil eingequetscht, das ursprünglich für acht Leute gedacht war. Aber wir waren unterwegs.

Unsere Fahrkarten reichten bis Augsburg, aber der Zug fuhr nur bis München. An diesem Tag ging kein Zug mehr weiter. Das war der erste Schlag gegen unsere hochfliegenden Hoffnungen. Es war kalt auf dem Bahnhof. Überall drängten sich die Menschen. Hunderte saßen herum, versuchten irgendwie zu schlafen, andere spielten Karten oder aßen irgend etwas. Im ständigen Wechsel hielten wir Wache bei unserem Gepäck. Wer frei war, versuchte sich ein wenig in der Stadt umzusehen. Die mit Schutt überlagerten Straßen und die zerstörten Häuser deprimierten uns so sehr, daß wir bald wieder zum Bahnhof zurückkehrten. So gut es ging, machten wir es uns auf dem Zementfußboden bequem.

Ganz früh am nächsten Morgen zwängten wir uns wieder in ein überfülltes Abteil eines Zuges, der nach Nürnberg fuhr. Dieses Mal hatte ich das Glück, daß ich durch ein Astloch der Bretter schauen konnte, mit denen die Fenster zugenagelt waren. Ich vertrieb mir die Zeit damit, daß ich zerstörte Lokomotiven, eingestürzte Brücken und ausgebrannte Eisenbahnwagen zählte. Wolfgang und ich zählten an einem halben Tag 89 Lokomotiven, 28 Brücken und einige Hundert Wagen, bevor wir des Spiels müde waren.

Die folgende Nacht verbrachten wir im Bahnhof von Nürnberg, und wir waren glücklich, daß wir uns auf Holzbänken ausstrecken konnten. Aber keiner konnte schlafen; Kinder schrien und die Erwachsenen unterhielten sich laut. Einige Leute hatten Töpfe dabei und kochten auf dem Bahnsteig über offenem Feuer. Der Qualm und die Düfte waren vermischt mit dem Rauch von billigem Tabak. Man bekam kaum richtig Luft. Jeder freie Fleck war belegt, und es war sehr schwer durchzukommen, wenn wir uns einmal die Beine vertreten wollten.

Am nächsten Morgen fuhr ein Güterzug in den Bahnhof ein. Eine schreiende und stoßende Menge drängte sich auf dem Bahnsteig. Wir schafften es, alle Neun gemeinsam auf einen der offenen Güterwagen zu kommen, aber die Wagen waren mit Kohle beladen. So saßen wir zehn Stunden lang auf den harten Kohlen, im kalten Novemberwind, eingehüllt in ständig wehenden schwarzen Kohlenstaub. Aber wir fuhren wenigstens weiter, dieses Mal bis Frankfurt. Das war nicht der direkte Weg. Und trotzdem kamen wir Schritt für Schritt näher nach Berlin.

Offiziell durften wir gar nicht reisen, das war nur mit einer besonderen Genehmigung der Militärregierung erlaubt. Aber die Menge war so verzweifelt entschlossen, und die Eisenbahner hatten Erbarmen mit uns.

Am Bahnhof Frankfurt Ost erfuhren wir, daß wir quer durch die Stadt zu Fuß zum Hauptbahnhof mußten. Die Stadt war kaum wiederzuerkennen. Ein einziger Weg führte durch die Ruinen, dort wo einmal das Geschäftszentrum war.

Von Frankfurt ging es weiter nach Marburg. Dieses Mal mußten wir die ganze Zeit im Gang stehen, ungefähr drei Stunden. Die nächste Nacht verbrachten wir wieder auf dem nackten Boden außerhalb des Bahnhofs. Am nächsten Morgen lagen Schneeflocken auf meiner Decke und meinem Kopf.

Schnee! Warum ausgerechnet jetzt? Nun würden unsere Spuren gut zu sehen sein, wenn wir illegal in die Ostzone kommen mußten. Warum mußte es denn jetzt schneien?

Von Marburg aus fanden wir einen Zug nach Kassel. Der Zug war sogar geheizt. Weiter ging es nach Göttingen und nach Braunschweig.

Inzwischen hatten wir uns an die Trümmerlandschaften gewöhnt. In jeder Stadt das gleiche Bild. Verhärmte alte Menschen, ausgehungerte Kinder spielten in den Trümmern, hastig zusammengebaute Behausungen und überall der Geruch des Todes. Der Krieg war jetzt schon seit sechs Monaten vorüber, und bald würde der Winter alles in seinem kalten Griff haben. Mir schauderte und ich ahnte, wie hart die kommende Zeit werden würde.

Wir hatten es so geplant, daß wir bei Helmstedt in die Ostzone wollten. Weil wir aber keine Papiere hatten, konnten wir das nicht mit dem Zug wagen. Wir hatten erfahren, daß sich schon viele auf den gleichen Weg gemacht hatten. Ein schlauer Geschäftsmann fuhr mit einem Lastwagen bis zu einer einsamen Stelle auf einer entlegenen Straße, nicht weit von der Zonengrenze entfernt zwischen Braunschweig und Helmstedt. Es war kurz vor Mitternacht, als wir den Lastwagen verließen und mit unserem Fußmarsch begannen.

»Diese Nacht ist günstig«, flüsterte Frau Bilker. »Es wird schneien, und die Sicht ist dann schlecht.«

Niemand sagte ein Wort. Die Gruppe verlor sich in den Feldern auf beiden Seiten der Straße. Wir folgten den Frauen über die gepflügten Felder, stolperten und rutschten, bis wir einen nahen Wald erreichten.

»Hallo Reini, betest du auch?« fragte Wolfgang mich leise.

»Das habe ich schon den ganzen Tag über getan!«

Er drückte meinen Arm.

Ich fühlte mich gar nicht so tapfer, wie sich das anhörte, und ich fragte mich, ob Frau Becker und Frau Bilker wirklich wußten, worauf sie sich da einließen. Ob die Grenze noch weit war? Ob die Wachen Hunde hatten? Gab es hier Minen? Der Wald gab uns zwar etwas mehr Deckung, aber die Zweige schlugen uns in unsere kalten Gesichter.

Da rutschte Frau Becker plötzlich aus. Sie zog Richard mit sich. Beide fielen in einen mit Blättern und Schnee bedeckten Graben. Als sie wieder herauskrochen, waren sie naß und eiskalt. Wir mußten aber weiter. Es gab kein Halt und keine Möglichkeit, sich erst zu trocknen.

Urplötzlich stand vor uns ein schwarzer Schatten. Ein großer Hund sprang Frau Becker an. Wir standen wie gelähmt da. Irgendwo mußte auch die Wache auftauchen, aber niemand war zu sehen. Der Hund ließ wieder von ihr ab und kam auf mich zu.

»Der riecht das Brot«, zischte Richard, »das Brot ist in deinem Rucksack.« Mit zitternden Händen versuchten wir den Rucksack aufzumachen und das Brot rauszuholen. Ich hatte ein halbes Brot für meine Mutter aufgehoben. Ohne weiter nachzudenken, brach ich ein großes Stück davon ab.

Richard hatte recht. Während der Hund sich daran zu schaffen machte, sahen wir zu, daß wir schnell weiterkamen.

»Los, laß uns weglaufen.« Frau Bilker drängte uns weiter, als wir auf eine Lichtung kamen. Aber der Hund holte uns wieder ein, und ich gab ihm auch noch den Rest des Brotes. Der Hund freute sich über die Jagd mit uns. Schwanzwedelnd rannte er vor uns her. Als wir uns wieder dem Wald näherten, hörten wir plötzlich Stimmen.

»Das ist wieder dieser verrückte Köter!«

»Warum legt den nicht einer um?«

Eine Stimme sprach in klarem Deutsch, während die andere einen deutlich russischen Akzent hatte.

Wir rannten, so schnell es ging, bis wir nicht mehr weiter konnten. Der Hund war fort, und wir konnten im Dunkel die Konturen von Häusern ausmachen. Nach wenigen Metern fanden wir eine Straße und ein Ortsschild. Unter den Namen war »Russische Besatzungszone« gemalt. Wir hatten es geschafft. Ohne Papiere waren wir durch das halbe Land gereist, und nun waren wir in der Ostzone.

Jetzt mußten wir nur noch eine Fahrmöglichkeit bis Berlin finden. Im Vergleich zu dem, was wir hinter uns hatten, war das ein Kinderspiel. Ein freundlicher Eisenbahnbeamter half uns, einen Zug nach Magdeburg zu finden. Nach einer weiteren kalten Nacht im Bahnhof konnten wir endlich einen Zug nach Berlin besteigen.

Ich war inzwischen furchtbar aufgeregt. Aufmerksam studierte ich alle Orte auf der Strecke, ob ich irgend etwas Vertrautes ausmachen konnte. Ich wußte, wie Berlin aussah, und ruhte nicht, bis ich irgend etwas davon entdeckte. Bald würden wir zu Hause sein!

Als der Zug wieder einmal einen seiner unberechenbaren Halts einlegte, schaute ich mich für einen Augenblick im Abteil um. Wolfgang saß da, angelehnt in einer Ecke, und weinte still. Die Tränen liefen ihm nur so über die Wangen.

»Wolfgang . . . Was ist denn los?« Er ließ sich nicht trösten. Ich faßte nach seiner Hand und hielt sie fest. Nach einer ganzen Weile beruhigte er sich und schüttete sein Herz aus.

Seine Eltern waren geschieden. Während seine Mutter in einer Schokoladenfabrik arbeiten mußte, war er ein Schlüsselkind.

»Meine Mutter kam bald immer wieder mit anderen Männern nach Hause, die ich immer mit Onkel anreden mußte, aber ich haßte sie alle. Das einzig Gute war, daß wir immer Süßigkeiten im Hause hatten.

Als wir im Lager waren, war das für mich wie das Paradies, bis du dann kamst und laufend von deinen Eltern Post bekamst. Ich war voller Neid, weil du eine Familie hattest, die sich um dich sorgte. Damals, als ihr mich in den Bann legtet, habe ich auch angefangen zu beten.«

»Was hast du?« Ich traute meinen Ohren nicht.

Als wir noch weitersprachen, erwähnte er auch noch einmal die Zeit, als sie mich kreuzigen wollten.

»Du wirst es nicht glauben, aber damals habe ich beschlossen, für Jesus zu leben«, sagte ich zu ihm. »Mir war klar, daß ihr euren Spaß mit mir triebt, aber ich wollte wenigstens wirklich als richtiger Christ leben.«

Er schwieg einen Augenblick und sagte dann versonnen: »Richard war der Vernünftigste damals. Er meinte, wenn wir dich zu sehr unter Druck setzen würden, dann würden wir dich nur noch näher zu Gott ›drücken‹.«

Der gute, alte Richard! Ich sah ihn drüben auf der anderen Bank. Er schlief. Wie oft hatte er mir Beweise seiner Freundschaft gegeben, aber er hatte es nie gewagt, sich vor der Gruppe als Christ zu bekennen.

Während der Zug sich Berlin näherte, erklärte ich Wolfgang meinen Glauben und welche Schritte er gehen müsse, um zu wissen, wie man in den Himmel kam.

»Es ist leichter, zur Hölle zu gehen«, unterbrach uns Richard. Wir hatten nicht gemerkt, daß er wach war und uns wohl schon lange zugehört hatte.

Wir erreichten die Vororte Berlins. Alles sah verändert aus. Je näher wir dem Zentrum kamen, um so größer war die Zerstörung. Bald war alles ein einziges Trümmerfeld, ausgebrannte Fabriken, abgedeckte Häuser und Häuserwände, die jeden Augenblick einzustürzen drohten.

Am Bahnhof Zoo war die Fahrt zu Ende. Die beiden Mütter halfen uns noch, einen U-Bahn-Anschluß zu finden. In kurzer Zeit waren Richard und ich ganz allein.

Als ich den Zug nach Neukölln bestieg, wurden wir im Gedränge getrennt, und ich konnte Richard nichts mehr von meinem Glauben erzählen.

Die Leute waren wie verrückt. Sie stießen sich, drohten oder schlugen mit den Fäusten. Jeder wollte mit, mehr als in den Zug konnten. Zweimal hätte ich beinahe meinen Rucksack verloren, weil sie ihn weiter reinstießen als ich selbst kommen konnte. Schließlich war ich doch drin, umgeben von Hunderten von Leuten.

Wie gut, daß ich wieder in vertrauter Umgebung war! Vom Gleisdreieck bis Boddinstraße waren es sechs Haltestellen. Ich meinte, noch genug Kraft zum Stehen zu haben, aber wie sollte ich wieder hinauskommen?

Ich zählte die Haltestellen und nahm dann alle Kraft zusammen, um mich durchzudrängeln. Irgendwie ließ mich die Masse vorbei. Ich wurde buchstäblich auf den Bahnsteig hinausgestoßen.

Als ich wieder oben auf der Straße stand, schaute ich mich um. Überrascht und ungläubig sah ich, daß sich gar nicht viel verändert hatte. Meine alte Schule, das Lettow-Vorbeck-Gymnasium, war zerbombt. Die Bäume im Park standen nicht mehr. Aber alles andere schien so zu sein, wie ich es verlassen hatte.

Die letzten hundert Meter versuchte ich ganz ruhig zu gehen, um meiner zitternden Knie Herr zu werden.

Vor Nummer 45 blieb ich stehen.

Mir saß ein Kloß im Hals.

In meinen Tagträumen hatte ich mir vorgestellt, wie ich die Treppen zu unserer Wohnung hinaufrennen und in die Wohnung stürzen würde. Nun aber zog ich mich langsam die Treppe hinauf, und die Spannung wuchs mit jeder Stufe. Ich faßte bewußt nach dem Treppengeländer, nahm den Geruch des Treppenhauses wahr und stand schließlich vor der schweren Eichentür unserer Wohnung.

18

Siegfried öffnete mir die Tür. Einen Augenblick lang verschlug es ihm den Atem. Dann aber lief er zurück in die Wohnung.

»Mutti, Mutti, Reinhold ist da!« Im nächsten Moment umfingen mich die Arme meiner Mutter. Unsere Tränen vermischten sich, als wir uns fest umschlungen hielten.

»Mein Junge, mein Junge«, wiederholte sie immer und immer wieder.

»Mutti, es tut mir leid, ich wollte dir ein Brot bringen, aber ein Hund hat es unterwegs gefressen.«

Sie lächelte nur, wischte sich die Tränen aus den Augen, nickte mit dem Kopf. Natürlich wußte sie nicht, wovon ich redete.

»Ist ja gut, mein Junge, ist ja schon gut. Jetzt bist du wieder da.«

Als ich meinen Rucksack aufmachte, um meine paar Habseligkeiten auszupacken, wurde mir klar, daß es Wochen, ja Monate dauern würde, um all das auszubreiten, was mir in den zurückliegenden Monaten widerfahren war – Herrn Grothes strenge, ja sadistische Kontrolle in der Villa Fragner, die Tieffliegerangriffe und die Partisanen, Horst, Tim, Hauptmann Davis, das Nahrungssuchkommando, die Katze Adolf Hitler . . .

Ich ließ die Habseligkeiten aus dem Rucksack einfach auf den Teppich fallen und – »Wo ist Vati?« fragte ich verwirrt.

Siegfried und Mutter schauten sich an. Ihr Lächeln verschwand. »Hast du das nicht mehr erfahren? Vati kam doch nach Italien an die Front. Die letzte Nachricht erhielten wir kurz vor Ende des Krieges. Seitdem haben wir nichts mehr gehört.«

Er war also nicht hier, und sie hatten nichts von ihm gehört? Nun, wir würden schon von ihm hören. Mein Vater mußte nach Hause kommen!

Ich war hundemüde, die Augen fielen mir immer wieder zu. Ob ich mich wohl einfach auf den Teppich legen und ein paar Minuten schlafen durfte? Es war ein herrliches Gefühl, sich auf etwas Warmem, Weichem lang ausstrecken zu können. Vierzehn Stunden später wachte ich wieder auf und lag in dem einzigen Bett, das ich in der Wohnung gesehen hatte.

Es gab so vieles nachzuholen. Siegfried ging schon wieder zur Schule.

Kurz vor Kriegsende war auch er noch eingezogen worden.

»Heute bin ich genauso froh darüber, wie ich damals entsetzt war«, warf meine Mutter ein.

»Wer weiß, was ihm hier in Berlin passiert wäre! Hast du schon von den Wolters-Jungen gehört?«

Nein, ich hatte nichts gehört.

»Als die Russen sich unserem Bezirk Neukölln näherten, wurden sie von der Stelle weg zum Volkssturm eingezogen. Diese drei Jungen starben mit 300 anderen Hitlerjungen bei der Verteidigung des Rathauses.«

Ich kannte Frau Wolters sehr gut und auch ihre drei Söhne, so wechselte ich schnell das Thema. Die Liste der Jungen, die im Krieg umgekommen waren und die ich kannte, war schon sehr lang. Ich wollte davon nicht noch mehr hören. In zwei Wochen wurde ich 14 Jahre alt. Ich hatte auf vieles verzichten müssen, einige sorgenfreie Jahre, unbekümmertes Heranwachsen und Reifen. Mit einem Schlag hatte ich erwachsen sein müssen, und ich fühlte mich alt.

Mir reichte, was ich alles über die Härte und Grausamkeit des Lebens erfahren hatte, und ich wußte, das Leben auch hier in Berlin würde nie wieder wie früher sein. Mich erschütterte immer wieder, wie die Menschen im Müll nach Nahrung suchten. Das hatte ich in Frankfurt, in Kassel und anderswo gesehen. Aber mußte es auch in Berlin so sein?

Am dritten Tag nach meiner Rückkehr gingen meine Mutter und ich zum Amt, um für mich eine Lebensmittelkarte zu bekommen.

Alles, was wir nach vielen Stunden und drei verschiedenen Dienststellen erhielten, war der Verweis:

»Sie hätten das besser wissen müssen, Frau Kerstan, und ihren Sohn nicht illegal zurückholen dürfen.« Ich mußte also warten und Siegfried und meine Mutter mußten die vier dünnen Brotscheiben mit mir teilen.

Gut, lieber hungern, aber zu Hause sein, jedenfalls in dem, was noch von einem Zuhause geblieben war. Eine Hälfte der Wand zur Nachbarswohnung war eingestürzt. Vor dem Loch stand unser großer Kleiderschrank. Er verhinderte zwar den Blick in den dahinterliegenden Schlafraum, aber blockierte nicht die Schnarchgeräusche des Nachbarn. Auch die Wand zwischen unserm Wohn- und dem Schlafzimmer fehlte. Eigentlich war nur die Küche und meines Vaters Studierzimmer noch einigermaßen intakt. Das Studierzimmer war auch das einzige, das wir mit einem großen, alten eisernen Ofen heizen konnten. Meine Mutter und mein Bruder hatten das Zimmer in einen

Wohn-Schlafraum verwandelt. In diesem Raum war auch das einzige Fenster mit einer kleinen Glasscheibe. Sonst gab es nur kleine Gucklöcher in den Brettern, die vor die anderen Fenster genagelt waren. So sah es überall in unserer Gegend aus.

Nach einigen Tagen – an all die Unbequemlichkeiten hatte ich mich schon gewöhnt – weckten mich meine Mutter und mein Bruder früh am Morgen. Es war mein 14. Geburtstag. Welch ein wichtiger Tag! Jetzt würde man mich mit »Sie« anreden, und jetzt würde ich offiziell lange Hosen tragen.

Meine Mutter hatte eine brennende Kerze in der Hand. Siegfried und sie sangen unser traditionelles Geburtstagslied: »Bis hierher hat dich Gott gebracht.« In der Küche hatten sie um meinen Teller eine Papiergirlande gelegt, und ich bekam *zwei* Scheiben Brot. Siegfried hatte sogar zwei Bleistifte und einen Radiergummi aufgetrieben, während meine Mutter drei Taschentücher irgendwoher gezaubert hatte. Sie hatten natürlich kein Geschenkpapier. So lag alles unter einer selbstgemachten Geburtstagskarte. Nach dem Frühstück knieten wir drei am Tisch nieder, dankten Gott für meine Heimkehr und baten um seinen Segen für diesen Tag. Welch ein herrlicher Anfang für ein so wichtiges Jahr!

Die meiste Zeit verbrachte ich damit, in langen Schlangen bei den Behörden anzustehen, um endlich deren Widerstand zu brechen und Lebensmittelkarten zu bekommen. Vorher konnte ich auch nicht wieder zur Schule gehen.

Eines Morgens traf ich auf der Straße Herrn und Frau Grothe. Ich sah sie erst, als sie unmittelbar vor mir standen. Instinktiv wollte ich den Arm zum Gruß heben, aber ich ließ es schnell sein und schüttelte ihnen die Hand. Ich wünschte ihnen einen guten Morgen, aber nach ein paar ausgetauschten Höflichkeiten gingen wir unserer Wege. Meine ablehnenden Gefühle waren völlig verschwunden. Damals, in der Tschechoslowakei und in Österreich, hatten wir Jungen geplant, sie wegen Grausamkeit und menschenunwürdiger Behandlung anzuzeigen. Jetzt aber fühlte ich ihnen gegenüber nur ein gemischtes Gefühl von Mitleid und Gleichgültigkeit.

Im Grunde war ich froh, daß ich sie getroffen hatte, denn dadurch bekam ich die Gewißheit, daß sie ein Teil der Vergangenheit waren und nicht mehr ein Teil meines gegenwärtigen Lebens. Diese Wunde war geheilt und konnte nicht länger die Gesundheit meiner Seele gefährden.

Zu Weihnachten hatte ich noch immer keine Lebensmittelkarten. Aber ich hatte viel Zeit zum Nachdenken. Die Erinnerung an das letzte Weihnachten verfolgte mich, und ich wünschte nichts sehnlicher, als diese Erinnerung durch eine Feier auszulöschen, die Christus und nicht Adolf Hitler verehrte.

Letzte Weihnachten hatte Herr Grothe Kurt und drei andere Jungen losgeschickt, um im Wald einen Baum zu besorgen. Zu der Zeit griffen uns die Partisanen schon am hellen Tag an, und wir waren in Sorge, ob sie heil zurückkämen. Aber ein paar Stunden später kamen sie mit einem riesigen Tannenbaum zurück, den wir in der Eingangshalle der Villa aufbauten.

Irgendwie schien Herrn Grothe eine Weihnachtsstimmung zu überfallen, als wir uns mühten, den Baum aufzurichten; aber sobald der Baum stand, war Herr Grothe wieder der alte.

»Los, Jungen, ab in die Klassen. Dort wird Schmuck gebastelt, der den Führer und das Vaterland ehrt. Wir wollen den Baum mit Hunderten kleiner Hakenkreuzfahnen schmücken und nicht mit diesem Unsinn von Sternen, Engeln und Flitter.«

Damals war ich nur enttäuscht, heute weiß ich, wie pervers das war.

Er hielt eine seiner Standardreden über die großartige Zukunft der Hitler-Jugend und verließ uns dann, während wir uns daranmachten, die kleinen schwarz-weiß-roten Flaggen zu basteln.

»Warum singen wir nicht Weihnachtslieder?« fragte ich Richard, der an meiner Seite saß.

»Gute Idee«, sagte er, »aber bitte mich nicht, damit anzufangen.« Zu unserer Überraschung fing aber Kurt damit an, und wir folgten ihm.

»Stille Nacht, heilige Nacht . . .« Wir waren gerade bei der dritten Strophe, als Herr Grothe wütend hereinstürmte.

»Kaum habe ich euch den Rücken gekehrt, da fangt ihr schon an, diese alten jüdischen Gesänge zu singen. Was für Hitlerjungen seid ihr eigentlich? Warum singt ihr nicht die herrlichen neuen Weihnachtslieder, die der Führer uns gegeben hat?«

Er befahl uns in die Halle, um den Baum mit den Hakenkreuzfähnchen zu schmücken. Kurt erhielt den Befehl, mit uns die »richtigen« Weihnachtslieder zu singen. Kurt, der es sich mit Herrn Grothe verscherzt hatte, versuchte es; aber wir waren nicht bereit, ihn bei dem Versuch zu unterstützen. Mit seiner verkrüppelten Hand drohte Herr Grothe uns und fluchte laut. Er sagte, daß jeglicher Weihnachtsausgang wegen unserer Sturheit gestrichen sei. Dann brauste er wütend ab.

So war es letztes Jahr. Dieses Mal würde es anders sein. Mitten in dem Durcheinander in unserer Wohnung hatte ich einige Kästen mit Weihnachtsschmuck gefunden, Glaskugeln, den Weihnachtsstern und anderen Schmuck. Das Problem aber war: woher sollten wir einen Baum bekommen? Wo immer auch nur ein einsamer Zweig oder ein Stück Holz gefunden wurde, hatte man dies als Brennholz verwandt. Nach tagelangem Suchen fanden Siegfried und ich ein paar immergrüne Zweige und rannten damit nach Hause.

Während wir diese noch schmückten, backte meine Mutter einen Kartoffelkuchen, und wir sangen Weihnachtslieder. Dieses Mal gab es keinen Herrn Grothe, der uns das verbot. Wir sangen »Herbei, o ihr Gläubigen« und »O du fröhliche«. Wir waren wieder beieinander, hatten zu essen und ein warmes Zimmer. Nur Vater fehlte uns. Wo würde er am Heiligen Abend sein?

Es machte uns nichts aus, daß das Licht ausging, während wir noch sangen. So hatten wir einen Grund, fünf Kerzen anzuzünden und nicht nur eine – welch ein Luxus das damals war. Meine Mutter hatte eine schöne Sopranstimme, und sie stimmte auch ein Lied an, das wir noch nie zu Weihnachten gesungen hatten. Siegfried und ich fielen mit ein, und wir hatten das Empfinden, daß dieses Lied wie kein anderes zu unserer Stimmung paßte:

Heiland, führe du dein Kind,
Deine Hand ist stark und lind,
Meine Burg, mein Fels, mein Licht,
Jesu, meine Zuversicht!
Führe mich durch Nacht zum Licht,
Und wenn alles wankt und bricht,
Bleib du meine Zuversicht.

Unsere Gemeinde hatte sich früher in einem Teil unseres Gebäudes versammelt. Im Winter 1944 aber hatte eine Luftmine das Gebäude getroffen. So mußten wir am Weihnachtsmorgen einige Kilometer weit zu einer Schule gehen, wo die Gottesdienste stattfanden, bis wir eine neue Kirche bauen konnten.

»Denkt daran, daß wir drei Stück Kohle zum Gottesdienst mitnehmen müssen, für jeden ein Stück«, erinnerte uns unsere Mutter.

»Wir haben aber überhaupt nur noch zwei Stück«, sagte Siegfried zu ihr.

Einen Augenblick war Mutter unschlüssig.

»Gut, dann nehmen wir die beiden. Gott wird für morgen sorgen«, entschied sie.

Ich hatte kaum eine Erinnerung daran, wie es beim Gottesdienst sein würde, aber schon wenige Tage nach meiner Rückkehr hatte ich ein starkes Gefühl der Verbundenheit mit der Gemeinde und in der Gemeinde.

Der Pastor begrüßte uns sehr herzlich, als wir ankamen. Der Raum war schon fast gefüllt. Aber man rückte noch mehr zusammen, so daß wir Platz hatten.

Meine Mutter und Siegfried neigten sich gleich zum Gebet, als wir uns setzten. Ich war verwirrt. Was sollte ich denn beten? Gab es da irgend etwas Spezielles? Ich hatte es vergessen. So betete ich für andere Menschen, die ich in der Versammlung erkannte, für diejenigen, die noch nicht zurückgekehrt waren, wie mein Vater, und für mich selbst, daß ich mich öffnete für den, der unsichtbar unter uns gegenwärtig war.

Ja, jetzt wußte ich wieder, wozu das Eingangslied da war. Ich fühlte mich zu Hause in der Gemeinde. Ob Jesus sich so wohlgefühlt hatte, als er mit 12 Jahren den Tempel in Jerusalem aufsuchte? Dort mußte er ja entdeckt haben, daß er »in seinem Eigentum« war.

Der grauhaarige Evangelist hatte meines Vaters Platz als Pastor eingenommen. Er dankte für die mitgebrachte Kohle und benutzte sie als Gleichnis für das christliche Leben.

»Wenn wir bereit sind zu teilen, macht Gott uns reich. So wie wir diesen Haufen Kohlen zusammengetragen haben, so sollen wir andere zu Christus bringen. Ein einzelnes Stück Kohle hält uns nicht warm. Erst die vielen Stücke wärmen uns und erhalten uns das Leben. So ist es auch mit der Gemeinde. Wenn wir beieinander bleiben, strahlen wir Wärme und Leben aus und wirken anziehend auf andere Menschen, die im Begriff sind, in Einsamkeit zu sterben.«

19

Mit Beginn des neuen Jahres erhielt ich meine Aufenthaltsgenehmigung für Berlin und eine Lebensmittelkarte. Das bedeutete gleichzeitig für mich, wieder zur Schule gehen zu dürfen.

Die Mehrzahl der Schulen lag in Trümmern. Die Gebäude, die einigermaßen zu gebrauchen waren, wurden doppelt belegt. Die Klassenzimmer waren ungeheizt, die Toiletten konnten nicht benutzt werden und die meisten Fenster waren zerschlagen. Wenn der Strom abgeschaltet wurde, blieben die Schulen im Dunkeln. Etwas angenehmer war es auf den langen Fluren. Weil die Fenster fehlten, hatte sich Eis auf den Zementfußböden gebildet. So hatten wir lange Rutschbahnen angelegt und schlidderten in jeder freien Minute darauf, obwohl das nicht ungefährlich war. Die Wand am Ende des Flurs fehlte, und wenn wir nicht rechtzeitig anhielten, konnten wir vier Stockwerke tief fallen. Aber das Risiko war für die meisten von uns gering, verglichen mit dem, was wir hinter uns hatten.

Eines Tages war ich gerade die halbe Strecke gerutscht, als ich Werner sah, und mit einem gewagten Sprung stand ich vor ihm.

»Hallo, wie geht's dir? Wann bist du zurückgekommen? Bist du auch hier in der Schule?«

»Gut, erst vor kurzem und ja«, beantwortete er alle drei Fragen auf einmal. Wir umarmten uns und lachten.

Wir lachten noch immer, als ich ihn fragte: »Hast du deine Eltern gesund angetroffen?«

Er schaute mich an und alles Lachen verschwand aus seinem Gesicht. »Nein, sie sind beide tot.«

Ich konnte meinen Schock nicht verbergen. »Du meinst . . . du meinst . . .« war alles, was ich herausbekam.

»Erinnerst du dich noch an das Telegramm, das Herr Grothe mir zu lesen gab?« Plötzlich war mir alles wieder vor Augen. Werner hatte uns allen das Telegramm laut vorgelesen, in dem stand, daß seine Eltern gestorben waren.

»Es stimmte alles, aber ich hatte das schon vorher gewußt. Meine Eltern hatten mir geschrieben, daß sie Selbstmord begehen würden, wenn der Krieg verloren ginge.«

Die Pausenglocke klingelte und erlöste uns aus der Situation. Wir eilten in unsere Klassen, nicht ohne daß ich ihm versprach, mit ihm in Verbindung zu bleiben. –

Die meiste Zeit verbrachten Siegfried und ich damit, in den Trümmern nach Holzbalken, Brettern und zerbrochenen Möbeln zu graben. Dazu mußten wir nicht erst weit laufen. Weil wir nur eine Schaufel und eine Axt hatten, arbeiteten wir immer zusammen. Wenn wir etwas ausgegraben hatten, trug einer das gleich nach Hause, während der andere bei den übrigen Sachen Wache hielt und weitergrub. Beim Dunkelwerden gingen wir nach Hause, um uns aufzuwärmen und eine undefinierbare Suppe zu essen, die unsere Mutter gekocht hatte.

Am Tag nach Weihnachten war ich erwartungsvoll in den Keller gegangen, in der Annahme, neue Kohlen für die zu finden, die wir mit zur Kirche genommen hatten. Irgendwie rechnete ich mit einem Wunder. Gott würde schon dafür sorgen. Wie enttäuscht war ich, als alles leer war. Was war geschehen? Kannte Gott denn nicht unsere Lage? Wir hatten die letzten Stücke zum Gottesdienst abgegeben und brauchten doch neue.

Am nächsten Tag fanden Siegfried und ich zwei Stück Kohle, die ein Lastwagen verloren hatte, und dazu noch ein paar zerbrochene Dielenbretter. Das Wunder war doch geschehen. Gott hatte sich zu meinem Glauben bekannt. Die Bretter unter meinem Arm waren Teil seines wunderbaren Plans, uns am Leben zu erhalten. Am folgenden Tag nahm ich dann noch zwei Holzstücke mit für den Ofen in unserer Schule.

Als wir damals in Tyrlaching angekommen waren, dachte ich, die Zeit des Hungerns sei vorbei. Aber dieses vertraute Gefühl des hohlen Magens war schnell wieder da, als ich zurück in Berlin war. Die Knochenarbeit des Grabens in den Trümmern machte mich nur noch hungriger. Mir fielen die Schulaufgaben langsam immer schwerer.

Als der Hunger eines Tages zu groß wurde, schob ich die Bücher beiseite: »Mutti, ich gehe Schlittschuhlaufen.«

»Es ist doch kalt draußen, und du hast nichts zu essen gehabt. Bleib hier und mach deine Hausaufgaben.«

In ihrer Vorstellung war es ein Widerspruch, den Hunger mit sportlicher Betätigung zu bekämpfen.

Sobald ich aber auf dem Eis war, dahinglitt und mit Schwung in die Kurven ging, vergaß ich Hunger und Schularbeiten. Schlittschuhlaufen war meine Rettung.

Bei der Rückkehr war ich natürlich noch hungriger.

»Kann ich nicht wenigstens ein Stück Brot haben?« bettelte ich.

»Nein, Reini, du kannst und wirst nicht«, entgegnete meine Mutter.

»Ich bin aber so hungrig!«

»Das hättest du dir früher überlegen sollen, bevor du rausgingst.«

Ich versuchte es noch einmal, aber sie antwortete: »Nein und nochmals nein. Ich habe das Brot in vier Teile eingeteilt, für jeden Tag ein Teil, so daß es vier Tage reicht.«

Mit diesen Worten verschloß sie das Brot im Küchenschrank. Ich fühlte mich dadurch etwas beleidigt:

»Du brauchst es doch nicht einzuschließen. Ich gehe schon nicht ohne Erlaubnis ran.«

»Bist du sicher, Reinhold?« Sie schaute mich mit einem ihrer durchdringenden Blicke an. »Darüber sind Ehen zerbrochen, und ganze Familien haben um das Essen gekämpft. Bis jetzt ist uns das erspart geblieben. Aber laß es uns auch dabei belassen und die Versuchung aus dem Weg räumen.«

Sie hatte ja recht. Wenn der Hunger beißt, kann man niemandem trauen. Menschen hatten sich geschlagen, ja umgebracht, nur um an den Abfall der amerikanischen Soldaten zu kommen. Selbst das Graben nach Holz in den Ruinen wurde gefährlich. Jungen hatte man zusammengeschlagen und ihnen ihr Holz gestohlen. Jeder war sich selbst der Nächste.

Ich hatte ja erlebt, wie wir alle unvorstellbar böse sein konnten. »Das menschliche Herz ist böse von Jugend auf . . .« Den Vers aus der Bibel kannte ich nur zu gut. Aber ich hatte gehofft, daß die Brutalität und Grausamkeit der Nazizeit nun vorüber sei.

Eines Tages kam ein alter Mann mit seinem Holzkarren und einem alten Gaul davor die Boddinstraße herunter. Er sammelte Kartoffelschalen und bot dafür Holz an. Wohl kaum jemand machte von seinem Angebot Gebrauch, und er war ganz offensichtlich müde und verzweifelt. Wenn jemand wirklich Kartoffeln ergatterte, wurden die Schalen immer mitgegessen. Hunger war schlimmer als Kälte.

Plötzlich stürzte das Pferd, und soviel der Mann auch zog und stieß, es wollte nicht wieder aufstehen. Ich ging zu ihm hin, um zu helfen. Er bat mich, beim Pferd zu bleiben, während er nach einem Brett suchte, um ihm damit aufzuhelfen.

»Lassen Sie mich gehen, ich kenne mich hier aus«, wollte ich sagen, aber er war schon fort.

Kaum war er gegangen, als zwei Männer auftauchten und sich über das Pferd beugten.

»Es ist tot«, sagte der eine.

»Schade drum!« Mit diesen Worten schlug er mit der Faust auf den Kopf des Pferdes. Blitzschnell hatten sie Messer in ihren Händen und stießen sie in Hals, Nacken und Bauch des Tieres. Das Pferd war längst nicht tot und begann, wild zu schlagen.

Ich protestierte heftig, aber in Windeseile schlachteten sie das Pferd und zerteilten es. Eine Frau, die ich zuerst um Hilfe gebeten hatte, half den Männern noch dabei. Auch sie hatte ein altes Messer und schnitt sich ein Stück Pferdefleisch ab, das sie in ihr Halstuch wickelte. In weniger als einer Minute hatte sich eine ganze Gruppe gesammelt, und bevor der Mann zurück war, hatten sie bis auf die Knochen und das Fell alles aufgeteilt.

Mir saß der Schock in den Gliedern, als ich die hungrige Meute erlebte. Aber warum sollten sich Menschen ändern, nur weil die Regierung sich geändert hatte! Es würde immer wieder Krieg geben. Die Amerikaner und Russen standen sich in Berlin feindlich gegenüber, und der Dritte Weltkrieg konnte jederzeit beginnen.

Wenn Siegfried und ich abends mit unseren Hausaufgaben fertig waren, holte Mutter die große Familienbibel, und wir lasen ein Kapitel nach dem anderen. An den Abenden, an denen wir wenig oder kein Licht hatten, hielten wir die Lesungen kurz und sprachen um so länger darüber. Damals wurde mir die Bibel lebendiger als je zuvor.

Die Nazis hatten die Männer der Bibel »den verderblichen Abschaum der Erde« genannt. Aber für mich waren sie Helden. Obwohl ich die Führer des Dritten Reiches verehrt hatte, vermochte das nie meine Liebe zu Moses, Abraham, Jakob und David zu schmälern.

Himmler, Goebbels, Göring, diese selbsternannten Helden, waren entweder tot oder im Gefängnis, während die Propheten des Alten Testaments mir immer lebendiger wurden.

Aber wo war mein Vater? Jeden Abend beteten wir um seine sichere Rückkehr.

Eines Tages stand ein ausgemergelter Mann in abgerissener Uniform vor unserer Tür. Die Kleidung war viel zu groß für ihn. Er berichtete uns, daß mein Vater Lagergeistlicher in einem Gefangenenlager wäre und wohl bald entlassen würde.

Vater lebte! Das war die erste Nachricht seit einem ganzen Jahr. Wir überschütteten den Überbringer dieser guten Nachricht mit allem, was wir noch an Lebensmitteln hatten, und baten ihn, doch wenigstens über Nacht zu bleiben. Aber er wollte nach Hause. Seine eigene Familie lebte nur ein paar Stunden entfernt.

Ein paar Wochen später öffnete ich ahnungslos die Tür, als es klingelte. Vor mir stand mein Vater. Ich vergaß ganz, die anderen zu rufen, sondern fiel ihm stürmisch um den Hals. Er nahm mich auf den Arm – wie ein kleines Kind, und ich fühlte mich wohl. Die Irrfahrt unserer Familie hatte ein Ende. Wir wußten, daß nur wenige Familien so verschont geblieben waren wie wir.

Was war das für eine Freude, ihn wieder zu Hause zu haben! Obwohl Siegfried und ich inzwischen selbständiger geworden waren, war es doch gut zu wissen, daß da einer war, der für uns sorgte, uns zu schützen suchte vor allem Übel des Lebens, und der mit uns unter Tränen jeden Abend Gott dafür dankte, daß wir alle wieder gesund beieinander waren. Am ersten Sonntag nach seiner Rückkehr blieb Vater noch im Hintergrund, als meine Mutter, Siegfried und ich in die Schulaula gingen. Als der Gottesdienst begann, kam Vater auch herein.

Die Versammlung war außer sich vor Freude. Sie stiegen über Bänke und Stühle, reichten ihm die Hände über die Köpfe anderer hinweg, stießen sich gegenseitig freundlich zur Seite, nur um meinen Vater zu begrüßen. Es dauerte eine Viertelstunde, bevor der Gottesdienst richtig beginnen konnte. Es war eine einzige Feier des Dankes und des Lobes.

Mit Vaters Rückkehr änderte sich natürlich einiges. Siegfried und ich mußten das Studierzimmer räumen und unser Zimmer mit dem Loch in der Wand beziehen. Es war Juni und warm genug, um ohne Heizung auszukommen. Wir gewöhnten uns auch an Herrn Müllers Schnarchen von nebenan, hinter unserem Schrank.

Inzwischen kamen die ersten Hilfssendungen aus Amerika, und mein Vater bildete schnell ein Komitee zur Verteilung der Sachen. Er achtete sorgfältig darauf, daß er es nicht selbst machte, um nicht in den Verdacht zu geraten, zuerst für seine eigene Familie zu sorgen. In Wirklichkeit bestand er sogar darauf, daß wir nichts davon bekamen. Als ich von einer der Frauen aus der Gemeinde einmal eine Handvoll Haferflocken und Zucker erhielt, habe ich es mir schnell mit einem schlechten Gewissen in meinen Mund geschoben.

Bevor es kalt wurde, hatte die Gemeinde eine Arbeitsgruppe gebildet, um das alte Gebäude wieder herzurichten. Es würde lange dauern, aber wenn jeder mithalf, würden wir es schon schaffen. Diese

Trümmerkolonnen waren damals typisch für Berlin. Um die Arbeitslosigkeit zu beseitigen und mit den Trümmern aufzuräumen, stellte die Regierung zu einem Mindestlohn jeden an, der arbeiten wollte.

Die Arbeit für die Gemeinde war natürlich reiner Liebesdienst. Jeden Nachmittag trafen wir uns mit Hämmern, Schaufeln und Spitzhacken, um die Trümmer abzuräumen und jeden brauchbaren Ziegelstein zum Wiederaufbau zu putzen. Oftmals bedeutete das auch, auf Wände zu steigen, die vom Einsturz bedroht waren. Sonnabends brachten die Frauen uns etwas Heißes zum Essen, und auch mein Vater kam und arbeitete mit.

»Ich bin sonntags ein besserer Prediger, wenn ich sonnabends mit euch arbeite«, sagte er. »Aber ich lasse gern die Jüngeren auf die Wände klettern. Dafür bin ich zu alt.«

Als der Frost und dann der Schnee kamen, mußten wir damit aufhören. Aber im Frühjahr sollte es weiter gehen.

Das tägliche Leben in Berlin des Jahres 1946 drehte sich nur um die Frage: Woher bekomme ich etwas zu essen? Eine 28jährige Frau annoncierte in einer Zeitung und suchte einen »Zimmergefährten«. Mit dem Angebot einer 2-Zimmer-Wohnung waren auch zwei CARE-Pakete verbunden. Die Zeitung hat ihr Foto nicht veröffentlicht, aber nichtsdestoweniger bekam sie 2437 Heiratsanträge.

Die Lebensmittelkarten waren klassifiziert. Mein Vater hatte die eines Handwerkers, meine Mutter die für Erwachsene, während Siegfried und ich die für Jugendliche erhielten. Auf meine Karte z.B. gab es in einem Monat: 25 Pfund Brot, 375g Fett, 750g Fleisch, 3 1/2 Pfund Verschiedenes, wie Mehl, Haferflocken etc., 750g Käse, 1000g Zucker, ca. 150g Kaffee-Ersatz und 20 Pfund Kartoffeln.

Erwachsene erhielten von dem allen weniger als die jüngeren Menschen. Man nahm an, daß die Erwachsenen mit weniger auskämen. Wenn ich aber meine Eltern betrachtete, wie sie dünner und dünner wurden, war ich mir nicht so sicher, daß das stimmte.

Immer, wenn wir unsere neuen Lebensmittelkarten erhielten, haben wir sorgfältig studiert, was wir bekamen. Die Tatsache, daß uns die Lebensmittelkarten erlaubten, Käse, Zucker, Fleisch und anderes mehr zu kaufen, bedeutete nicht notwendigerweise, daß die Geschäfte diese Dinge auch hatten. Oft standen wir stundenlang an, um am Ende zu erfahren, daß das, was wir kaufen wollten, schon ausverkauft war.

Aber Gott sorgte für uns in wunderbarer Weise. Von Freunden erhielten wir Blumenkohl und Rüben, während Siegfried und ich alle möglichen eßbaren Unkräuter sammelten. So kamen wir ganz gut und ohne Krankheiten durch den Sommer. Wir waren zwar oft hungrig, aber nie wirklich am Verhungern.

Darin stimmten wir überein, Gott hatte vor uns einen Tisch bereitet, so wie König David das vor Tausenden von Jahren gebetet hatte. Natürlich hatte er auch gesagt, »er schenket mir voll ein«. So viel war es nun wieder nicht, aber wir wußten, Gott sorgt für uns wie ein Hirte, und so dankten wir ihm auch täglich dafür.

Der Winter 1946/47 setzte früh und mit großer Härte ein. Die Leiden dieses Winters in Europa haben Geschichte gemacht.

Siegfried und ich zogen wieder in Vaters Studierzimmer, das wir aber immer dann räumen mußten, wenn irgend jemand meinen Vater aufsuchte. Und es kamen damals viele. In unserer Gemeinde waren Frauen und junge Mädchen, die von den russischen Soldaten vergewaltigt worden waren. Einige Männer hatten getötet, andere gestohlen oder gelogen, aber alle hatten Seelsorge nötig. Alle wollten ihre Verbindung zu Jesus Christus wieder herstellen und mit den Schrecken der Vergangenheit und Gegenwart fertig werden.

In jenem Winter haben viele Menschen Hand an sich gelegt. Die Selbstmordrate erreichte erschreckende Zahlen. Auf dem Höhepunkt der Kältewelle, am 6. Januar, starben in Berlin mehr als 1000 Menschen vor Hunger und Kälte. Die Temperaturen fielen bis auf 33° unter Null, und in meines Vaters Studierzimmer war es nicht wärmer als minus 4° Celsius zu bekommen. Die Schulen hatten geschlossen. Nur wenn es unbedingt nötig war, gingen wir vor die Tür. Strom gab es nur an wenigen Stunden des Tages. Ich machte die Entdeckung, daß ein leerer Magen die Dunkelheit mehr fürchtete als das Licht des Tages. Irgendwie schmerzte der Hunger im Dunkeln noch mehr.

20

Es war jetzt zwei Jahre her, seit ich meinem Vater nachgeschaut hatte, wie er den Weg von der Villa Fragner hinunter ging. Der Kreis unseres Lebens hatte sich wieder geschlossen. Manchmal mußte ich lächeln: Wir hatten wieder zusammen sein wollen, aber alle in einem Raum?

»Wie kannst du überhaupt arbeiten mit der vielen Unruhe um dich herum«, fragte ich eines Tages meinen Vater. Ich rechnete eigentlich mit einer »Ist schon gut«-Antwort, aber statt dessen zog er mich zu sich und legte seinen Arm um meine Schulter.

»Es ist schon schwer, sich zu konzentrieren, Reini. Aber ich werde damit fertig, wenn ich mir nachts die Zeit zum Beten nehme. Dann redet Gott mit mir und zeigt mir, was ich predigen soll. Wenn ich dann für die Gemeinde bete und die einzelnen Namen vor Gott nenne, kann ich ihnen am meisten helfen.«

Diese intime Gelegenheit benutzte ich, meinem Vater einmal von meinen Gebetserfahrungen mit unserer Verpflegungs-Beschaffungstruppe in Österreich zu erzählen. Als ich fertig war, drückte er bewegt meinen Arm.

»Vergiß nie diese Erfahrungen, mein Junge. Eines Tages wird es uns wieder besser gehen. Viel schlechter kann es ja nicht mehr werden. Dann aber werden viele Menschen schnell vergessen, wie Gott ihnen geholfen hat. So war es auch nach dem Ersten Weltkrieg, und so wird es wieder sein. Undankbarkeit ist eine der größten Sünden der Menschen.«

Wie auf ein gemeinsames Zeichen gingen wir beide zum Sofa und knieten zum Gebet nieder. Viele Ellbogen hatten sich in den letzten Monaten in diese Polster gedrückt, und viele Tränen waren hier geflossen. Nun aber dankten wir Gott, daß er unsere Familie am Leben erhalten hatte und wir beisammen waren.

Mir war klar, daß in meinem Leben ein neuer wichtiger Abschnitt begonnen hatte.

Ich mußte an so manche Menschen zurückdenken, denen ich begegnet war. Was mochte aus Frau Bata geworden sein, der Putzfrau in der Tschechoslowakei, mit der ich mich gern unterhielt, oder aus Kurt, unserem Fähnleinführer. Hauptmann Davis hatte mir zu Weihnachten geschrieben. Es ging ihm und seiner Frau gut – auch ohne mich.

Manchmal waren die Gesichter der Jungen lebendig vor Augen, die nicht mehr zurückgekommen waren – Tim, Horst, Rainer, Ronald. Manche Namen wußte ich auch nicht mehr. Jürgen hatte ich in der Zwischenzeit nur einmal gesehen. Er trug die Pfadfinder-Uniform. Dabei hatten wir beide uns gelobt, nie wieder eine Uniform anzuziehen.

Richards Bein war wieder ganz ausgeheilt, und er war so stark wie eh und je. Guter alter Richard Löwenherz. Er hatte inzwischen mit der Schule aufgehört und hatte einen Beruf angefangen.

Wie war meine Freundschaft mit Wolfgang doch so ganz anders verlaufen! Unsere gegenseitige Ablehnung und Abneigung hatte sich in eine ganz enge Freundschaft verwandelt, die hoffentlich ein Leben lang halten würde.

Wenn ich so auf mein bisheriges Leben zurückschaute, war ich erstaunt, mit wieviel Liebe und Sorgfalt Gott mein Leben geführt und bewahrt hatte. Bevor wir damals in die Tschechoslowakei fuhren, hatte mein Vater mir auf eine kleine Karte einen Bibelvers geschrieben und mir gegeben. Er war aus dem Matthäus-Evangelium, eine Anweisung Jesu an seine Jünger: »Darum sorget nicht für den andern Morgen; denn der morgende Tag wird für das Seine sorgen. Es ist genug, daß ein jeglicher Tag seine eigene Plage habe.«

»Wir werden bald losfahren«, sagte er damals. »Damit du aber in deinem Leben nicht aus dem Gleichgewicht kommst, habe ich dir diese Lebensregel aufgeschrieben.«

Ich hatte die Karte in meiner Bibel stecken und sie oft gelesen. Einmal hatte ich die Karte in meiner Hemdtasche vergessen und das Hemd in die Wäsche gegeben. Als mir das mit Schrecken einfiel, bin ich in den Waschraum in der Villa Fragner gerannt und habe in Dutzenden von Hemden gewühlt, bis ich meins schließlich fand. Die Karte gehörte zu den Dingen, die ich auf der ganzen Wanderschaft sorgfältig gehütet hatte, und so zog ich sie jetzt auch wieder heraus und las sie. Lag hier die Ursache dafür, daß ich nicht nur überlebte, sondern daß der Heilungsprozeß in den bitteren Monaten nach der Niederlage Deutschlands so schnell einsetzte?

Aber eine Wunde brannte immer noch. Von Zeit zu Zeit spürte ich den Schmerz und die Verwirrung. Mir war klar, daß ich damit noch fertig werden mußte.

Mit dem ganzen Stolz eines jungen und überzeugten Hitler-Jungen hatte ich den gelben Stern Davids verachtet. Oft genug hatte ich mich der Gruppe angeschlossen, um harmlose Juden zu belästigen.

Aber ich war ja noch ein Kind und hatte von Politik keine Ahnung. Ich wußte es einfach nicht besser – oder doch?

Kurz vor Weihnachten 1947 kam ein neuer Schüler in unsere Klasse. Mir gefiel er vom ersten Augenblick an, und schnell waren wir in einem freundlichen Wettbewerb im Sprachunterricht. Er war ein kleiner, dunkelhaariger Junge mit einem ausgeprägten Sinn für Humor.

»Wie kommt das eigentlich, daß du in Englisch nicht bessere Noten bekommst?« fragte er mich eines Tages. Er wußte das zwar, aber er wollte mich damit aufziehen. Ich hatte mir eine amerikanische Aussprache angewöhnt, über die mein Englischlehrer entsetzt war.

»Dafür bist du in Deutsch besser«, fügte er hinzu.

»Du bist besser in Deutsch«, entgegnete ich.

Er protestierte, so zuckte ich mit den Schultern: »Wir sind eben beide gut in Deutsch. Warum auch nicht? Wir sind doch beide Deutsche.«

Ich merkte zwar ganz kurz, daß er darauf nichts antwortete, aber ich dachte darüber nicht weiter nach.

An einem Sonnabend ging ich einmal zu ihm, um ihm ein paar Bücher für eine Klassenarbeit zu bringen. Er war krank gewesen, und ich hatte ihm geholfen, das Versäumte nachzuarbeiten. Die Haustür öffnete mir ein alter Mann mit einem langen Bart. Auf dem Kopf trug er eine Kappe, und an seinen Schläfen hingen lange Locken herunter. Ich muß ihn ziemlich verwirrt angestarrt haben. Er forderte mich gleich auf: »Du bist sicher Reinhold! Komm doch herein, ich führe dich zu ihm.«

Kaum war die Tür zu seinem Zimmer geschlossen, platzte ich auch schon heraus. »Du hast mir gar nicht gesagt, daß ihr einen Hausdiener habt. Was für ein seltsamer Mann.«

»Er ist mein Großvater.«

Ich wäre am liebsten unter die Bettdecke gekrochen. »Es tut mir leid«, stammelte ich. »Es ist nur, weil er . . .«

»So komisch aussieht, nicht?« half mir Paul aus der Verlegenheit.

»Ja.«

Einen Augenblick lang war es ganz still. Dann sagte Paul ruhig: »Er ist ein orthodoxer Jude! Hast du noch nie einen gesehen?«

Ich ging auf seine Frage nicht ein, sondern fragte gleich: »Und du bist doch auch ein Jude?«

»Ja, mein Vater war zwar kein orthodoxer Jude, dafür aber meine Mutter.«

»Wo sind deine Eltern?« fuhr es mir heraus, aber als ich es gesagt hatte, tat es mir schon leid. Er hatte sie nie erwähnt, und ich ahnte schon, was kommen würde.

»In Auschwitz.«

»Du meinst . . .?«

»Ja.«

Ich wollte aber noch eine weitere Frage stellen.

»Paul, woher stammt dein Großvater, sein Akzent ist so auffallend.«

Paul lächelte. »Hast du schon mal einen jüdischen Schüler erlebt, der in Deutsch eine 1 hat und aus der Tschechoslowakei stammt?«

Tschechoslowakei, Rewnitz, die Partisanen! Er war einer von denen, vielleicht; ja einer von denen, die sich durch die Nacht geschlichen hatten, um einen von uns Hitlerjungen zu töten.

Doch plötzlich wurde mir klar, was da in mir noch brannte. Ich hatte mit Russen, Engländern, Amerikanern und Österreichern Freundschaft geschlossen, aber nicht mit tschechischen Juden. Das konnte ich bisher nicht.

»Davon hatte ich keine Ahnung«, sagte ich langsam.

»Hätte das einen Unterschied gemacht?« Er schaute mich aufmerksam an. Als ich noch mit meiner Antwort zögerte, stieg er aus dem Bett, kam auf mich zu und blieb direkt vor mir stehen.

»Reinhold, du brauchst mich nicht gern zu haben, wenn du nicht kannst. Ich hätte dir wahrscheinlich davon erzählen sollen. Aber ich habe den Nazis nicht vergeben, daß sie meine Eltern umgebracht haben, und deshalb wollte ich auch nicht darüber reden. Aus diesem Grunde wollte ich mich auch als deutscher Junge beweisen und der Beste in Deutsch sein. Das mag seltsam klingen, aber ich dachte, es würde mir helfen.«

Ich streckte ihm still meine Hand hin. Im gleichen Augenblick wußte ich, daß diese geheime Wunde sich schloß und geheilt war.

Was bedeutete es denn, daß er ein Jude aus der Tschechoslowakei war? Paul war mein Freund. Dr. Grünbaum war mein Freund, genau wie der kleine Esau in der zweiten Klasse. Paul brauchte einen Freund, er brauchte Liebe, um von seinem menschlich übergroßen Schmerz geheilt zu werden, auch meine Liebe.

Nachwort

Es ist sicher wahr, daß ich keinen Abschnitt meines Lebens einfach auslöschen kann. Ich werde mich immer an die Zeit erinnern, von der ich hier geschrieben habe.

Ein einziges Wort, ein Gesicht, eine Filmszene oder irgendein Abschnitt eines Buches, vieles wird in mir die Erinnerung an meinen Kampf mit den Mächten wachrufen, die meine Seele zerstören wollten. All das ist unauslöschlich. Aber die Erinnerungen werden nicht nur von Fall zu Fall wach werden, sie werden auch mein Handeln, ja die ganze Richtung meines Lebens bestimmen.

Ich will diese frühen Jahre auch nicht ausradieren. Genauso wie ich nach alter Lebenserfahrung meine Vergangenheit mit mir tragen werde, genauso bin ich mir dessen gewiß, daß auch das, was ich als Kind vom Wort Gottes gelernt habe, eine Prägung für das ganze Leben bedeutet.

»Gewöhne einen Knaben an seinen Weg, so läßt er nicht davon, wenn er älter wird.«

Genau das hatten meine Eltern getan. Sie hatten mich das Wort Gottes gelehrt und mir das Christsein durch ihr Leben vor Augen geführt.

Am Beginn des Krieges hatten sie damit nicht aufgehört, und ihr Einfluß blieb auch dann erhalten, als die Nazis mit Macht eine Entfremdung versuchten. Als ich aber in der Tschechoslowakei war, blieb ihnen nur noch, für mich zu beten und darauf zu vertrauen, daß die göttliche Saat in mir erhalten bliebe und mich auf dem rechten Weg bewahre.

Viele Jahre danach saß ich nun mit meinem eigenen Sohn in der Geborgenheit unseres Hauses und erlebte, wie die Fernsehbilder vom »Holocaust« die unterdrückten Erinnerungen wieder wachriefen. Andreas hatte davon keine Ahnung. Er wußte nicht, was Krieg war, er kannte keine Diktatur aus eigener Erfahrung und würde es wohl auch nie erleben müssen. Er kannte andere Versuchungen, die gefährlichen Verführungen eines modernen, egozentrischen Lebensstils, die ihn unmerklicher als eine offene, antichristliche Propaganda zu beeinflussen suchten. Würde sein Glaube stark genug sein, standzuhalten, oder würde er ganz langsam von dem Weg abkommen, den er als Kind kennengelernt hatte?

Aber kannte ich nicht die gleiche Macht des Gebets? Stand ich nicht unter der gleichen göttlichen Verheißung? »Gewöhne einen Knaben an seinen Weg, so läßt er nicht davon, wenn er älter wird.«

Als ich ihn näher zu mir zog, schaut er mich an, eine stille Frage in seinen Augen. Die Schwarz-Weiß-Bilder auf dem Bildschirm erhellten blitzartig die bitteren Stunden der Geschichte. In meinem Herzen aber betete ich:

»Vater im Himmel, ich habe versucht, meine Kinder in Ehrfurcht zu dir zu erziehen. Laß sie nicht aus der Verheißung deines Wortes fallen. Du bist der Fels meines Lebens, auf dich baue ich. Ich bitte dich um die gleiche Kraft für meine Kinder, in guten wie in bösen Tagen. Wenn du sie nahe bei dir hältst, wird ihnen kein Krieg deinen Frieden rauben und kein Holocaust ihr Leben zerstören, denn du hast ihnen ewiges Leben gegeben.«